MONICA
BUONFIGLIO

ALMAS
GEMELAS

**APRENDIENDO
A IDENTIFICAR
EL AMOR
DE SU VIDA**

ALMAS GEMELAS
Libro original ALMAS GÊMELAS
©1995 Monica Buonfiglio
São Paulo, Brasil

Editado por
©Prosperar Sca.
Calle 39 No. 28-20
Teléfonos: 368 1861 - 368 4938 - 368 4932
e-mail: centauro.prosperar@ibm.net
Santafé de Bogotá. colombia

Primera edición: septiembre de 1998
Tercera edición: noviembre de 1998
Quinta edición: mayo de 1999
Sexta edición: octubre de 1999
Séptima edición: Marzo de 2000
ISBN: 958-96144-3-4

Traducción:	Walther Freddy Hómez Cruz
Artes:	Marlene B. Zamora C.
	Lucía Santofimio de Fandiño
Coordinación:	Marybel Arias García
Corrección:	Edgar García Buitrago
Fotomecánica:	G & B Periódicos e impresores
Impresión:	D'Vinni Editorial Ltda.

Este libro está dedicado cariñosamente
a Jorge Amado y Zélia Gattai,
almas gemelas y celestiales,
cuyo soporte mutuo, en la vida y en el arte,
es una inspiración para todos nosotros.

Contenido

Prólogo

el tema de la mayoría de las películas, de las novelas literarias, de las canciones en la radio, de las telenovelas es el amor. Pareciera que es el único tema que interesa masivamente. Es un caso universal sin distingos de raza o nacionalidad, de cultura o posición económica. La gente está ansiosa de ver cómo otras parejas encuentran, viven y realizan el amor de sus sueños, ya que a nivel personal son contados los que pueden afirmar que han encontrado la pareja ideal, y, en consecuencia, que son felices en el amor.

Cuando se trata de encontrar la pareja ideal, aquella con la que esperamos compartir la vida, ya sea creando una familia o simplemente disfrutando de la maravilla de estar vivos, la organización social a la que pertenecemos nos lanza en una búsqueda de ese otro ser, de esa media naranja –como la llaman algunos–, sin ninguna preparación, sin brújula alguna, sin guía, sino que cada cual tiene que ver cómo se las arregla siguiendo sus instintos primarios, principalmente los de la atracción física y los de la supervivencia económica. No es de extrañar entonces que la queja principal sea que se es infeliz en el amor. Así las parejas separadas, los divorcios, la soledad, es lo que prima en nuestras sociedades.

Sí, hay guías técnicas, disciplinas, que nos permiten navegar por este mundo en busca de ese ser que es nuestra *alma gemela*, y que al encontrarla y volvernos uno con ella, habremos de experimentar ese éxtasis que hace que la vida en general sea más llevadera, más placentera, y podamos decir que somos felices porque hemos encontrado el amor de nuestra vida.

Por todo ello nos complace inmensamente haber encontrado en Sao Paulo, Brasil, a Monica Buonfiglio, una verdadera maestra en las artes de encontrar nuestra alma gemela, tal como lo podemos comprobar a través de las páginas de este libro, que en su propio país ha sido un verdadero éxito literario, pues cientos de miles de personas han podido verificar que lo que ella dice es cierto. Ella nos llevará de la mano por ese sendero mágico pero real que nos permitirá identificar, conquistar y conservar a nuestra pareja ideal.

Invitamos a los lectores a que nos dejen saber cómo les va, una vez pongan en práctica los consejos que encontrarán en este libro. Esta es una manera de compartir con los demás la felicidad que nos inunda cuando estamos enamorados, cuando hemos encontrado nuestra *alma gemela*.

Gustavo Nieto Roa

Introducción

No es fácil para nadie hablar sobre los misterios del corazón, principalmente porque las personas, en general, no le prestan atención a su interior, a su íntimo más profundo.

Se necesita de mucho valor y disposición del espíritu para prestarle atención no sólo al mundo exterior sino a ese interior propio y desconocido.

De vez en cuando nos encontramos con obstáculos que están más allá del alcance de nuestros ojos, y que nos causan actitudes diferentes de rechazo y negación, de las cuales no vale la pena hablar en este libro.

Es un tema tan amplio que requiere de una atención especial. Puedo citar, como ejemplo, que muchas personas evitan contemplar su propio interior por miedo a encontrarlo, ya que es casi imposible mentirse a sí mismo.

Entre las diversas formas de disimular su temor por lo que puedan encontrar en su interior, muchos se escudan en opiniones tales como: se trata de niñerías, son temas infantiles en los cuales no se puede profundizar porque sólo son frivolidades.

Por eso, cuando me decidí a hablar sobre los ángeles, nadie estaba dispuesto a arriesgarse con temas que no eran "importantes".

Como si el mundo espiritual no formara parte de nuestra propia existencia, o más que eso, de nuestro propio objetivo.

Nuevamente me encuentro con cosas que desafían un primer entendimiento y exigen un examen más profundo para apreciar su verdadera importancia. Creer en almas gemelas, con seguridad requiere de mucha disposición para conocer un poco más sobre todo lo que el mundo esotérico tiene para ofrecer.

Los escépticos dicen que no es más que una gran tontería, que las almas gemelas no existen, que sólo es una invención. Ciertamente, ellos no se han visto comprometidos por un gran amor, no saben vivir la vida en toda su plenitud.

Se limitan al plano material, restringiendo sus horizontes sólo a lo que pueden ver con sus ojos físicos. La perspectiva del que piensa así está muy aquende del potencial que el ser humano puede desarrollar hasta obtener un paisaje mucho más completo.

El corazón es un misterio.

Como soy una maga, me fascina revelar los misterios del alma humana; ese depósito de infinitas posibilidades y de recursos insospechados.

Cada uno conserva su propia alma individual, hasta que se le entrega a un ser humano particular, eso es parte de un profundo misterio que un día alcanzaremos, cuando nos integremos a la Luz Mayor.

Nuestra vida es un proceso continuo en el cual no podemos estar solos. En algún lugar existirá un alma gemela, la otra parte de nuestra propia alma.

Descubrir su alma gemela también es una misión, y el primer paso es creer en ella; en su existencia, como si fuese una religión.

Y como sucede con tantas cosas en el ámbito espiritual, no se necesitan intermediarios en esa búsqueda. Es algo estrictamente personal, es propio de cada uno. No se debe aceptar la manipulación por parte de terceros, sin importar quiénes sean.

Según algunos estudiosos, Dios, en su inmensa sabiduría y bondad, al crear cada alma, le dio una forma circular como la de una esfera. Después, partió esa esfera en dos partes y colocó cada mitad en un cuerpo diferente.

El alma es el principio vital, es la inspiración de la vida. En la Biblia, la palabra alma significa vida, sangre. El alma es el propio intelecto del hombre, es el eslabón que une la materia con el espíritu, es nuestra parte intrínseca que sobrevive a la muerte física.

En el alma se queda almacenado todo nuestro bagaje de información, sentimientos y emociones.

En lenguaje teosófico, según los estudios desarrollados por Helena Blavatsky, el alma es el Maná, el Pensador.

La mente es una energía que trabaja dentro de las limitaciones del cerebro. El alma alcanza dimensiones extraordinarias, proporcionales a su desenvolvimiento, pero a su vez depende de nosotros mismos.

Evolucionar es una tarea individual.

Desde otro punto de vista, el hombre también está profundamente influenciado por lo que tiene a su alrededor. Las circunstancias que nos rodean terminan siempre por afectarnos, a no ser que prefiramos, conscientemente, dejar pasar de largo las influencias que consideramos no serán benéficas.

Vivimos en sociedad, y entre las leyes no escritas que rigen sus condiciones actuales, encontramos aquella que nos dice que debemos hallar un compañero o compañera dentro de un periodo de tiempo.

Nos vemos forzados a este tipo de comportamiento por el sistema vigente de matrimonio monogámico, en el cual cada uno debe encontrar su pareja, sin tener en consideración que el camino individual puede no ser tan apropiado como se espera.

La influencia de la sociedad se hace sentir de varias maneras. Los parientes y amigos siempre preguntan por el enamorado o enamorada. Si ya tenemos pareja, preguntan cuándo nos vamos a casar. Si no tenemos a nadie entonces nos preguntan por qué estamos solos.

Los medios de comunicación, a través de revistas, periódicos, películas, novelas, noticieros etc., terminan por imponer esa posición de la sociedad, haciendo imposible saber quién comenzó y cuál fue la secuencia de esa continua presión.

Después de algún tiempo comenzamos realmente a necesitar un(a) compañero(a) que nos haga sentir que "valemos".

Esa otra persona pasa a ser vista, en tal caso, como un salvavidas, como una ayuda necesaria para que no nos sintamos diferentes a los demás.

Es propio del ser humano querer integrarse, formar parte de un grupo, hacer lo que hacen todos.

Tenga en cuenta que el amor es lo que le da sentido a la vida. No nace a una hora determinada, tampoco aparece porque estamos buscando nuestra pareja. Lo idealizamos, trazamos un perfil que nos satisfaga, limitamos nuestra búsqueda a·un cierto periodo de tiempo dentro de nuestra vida, y entramos en la lucha.

Colocamos nuestras expectativas en la cima, depositamos nuestras esperanzas en otra persona, con frecuencia buscamos cualidades que terminan por ser imposibles de encontrar en ella, y esperamos que el elegido o elegida nos satisfaga en todos los sentidos.

Buscamos nuestro complemento en la vida como si se tratara de un producto cualquiera. Siempre somos bombardeados por medios publicitarios que venden la idea de que utilizando tal o cual producto, seremos felices. Ellos dicen: Sólo tiene que ir al supermercado o a la tienda; adquirir aquella maravilla, y nuestra vida será otra, mucho más fácil y mucho más feliz.

Si fuese tan fácil y no estuviésemos preocupados por tantas cosas, nuestras soluciones estarían, con seguridad, disponibles en los estantes, a nuestra entera disposición, probablemente con facilidades de crédito y con cómodas cuotas mensuales y el respectivo certificado de garantía.

Pero todos sabemos que no es así.

Teniendo un cierto nivel de conciencia y sabiendo distinguir lo que sucede ante nuestros ojos durante las 24 horas del día, veremos que las circunstancias nos llevan, casi siempre, a culpar a los demás de nuestros fracasos, como si el producto que nos fue entregado, y que por equivocación obtuvimos, no sirviese para nuestros verdaderos propósitos.

Si al compañero o compañera encontrado lo acepto porque "ya era tiempo, o porque me estoy volviendo vieja (o)", éste no trae consigo ningún certificado de garantía.

El precio del arreglo termina por ser exorbitante, cuando hay arreglo. Pagamos con nuestras emociones, con nuestras frustraciones, con nuestra propia desilusión. Y otros también pagan conjuntamente con nosotros, muchas veces sin tener ninguna participación o culpa.

¿Qué hacer entonces? ¿Dejar de buscar, limitar nuestra búsqueda, desistir? Claro que no.

Debemos conservar alerta todos nuestros sentidos, conservar disponibles nuestras emociones y mantener nuestra alma en constante brillo, porque con toda seguridad existe un alma gemela en alguna parte de nuestro círculo y en algún momento de nuestra vida.

Muchas veces ese momento puede llegar después de un sufrimiento especialmente desgastante o después de un periodo en el que sentimos la ausencia de algo que nos es agradable de alguna manera.

En este libro pretendo examinar minuciosamente las características de las verdaderas almas gemelas, analizando las relaciones kármicas, y todas sus manifestaciones, tanto en el sexo, como en la familia y en el matrimonio.

Mi propósito es que usted conozca más peculiaridades del tema; saber por ejemplo, si debe ir al encuentro de su alma gemela, si ya ella está en camino, o si ya viene hacia usted.

Su corazón probablemente cambiará su esencia, propiciando las condiciones ideales de unión entre usted y su alma gemela.

Muchas personas dicen que la modernización del planeta está dificultando la relación entre las personas, apartándolas de una convivencia más cercana. No estoy de acuerdo para nada con esa opinión.

Yo creo que en este final de milenio la relación entre las personas alcanzará proporciones máximas, mediante la utilización de diversos medios de comunicación que posibilitarán la expansión del universo de elección, dando así la oportunidad de tener más contacto con muchas más personas, del que era posible hace algún tiempo atrás.

Con el mundo interconectado por computadores podremos tener acceso a personas de cuya existencia no teníamos idea. Se abren nuevos horizontes para la humanidad en todos los campos del conocimiento. Sin salir de nuestra sala podemos, el mismo día, tener contacto con personas de diferentes países, visitar museos en Europa, informarnos sobre los últimos sucesos de Broadway, actualizar nuestro conocimiento sobre cualquier tema, etc.

Los computadores están ahí, a nuestra disposición, esperando que los utilicemos de manera adecuada y útil.

A pesar de todas esas facilidades para la relación a distancia, no habrá sustituto para el acercamiento personal.

No se podrá reemplazar el diálogo cara a cara, ni tampoco disminuir la emoción de la primera mirada o del primer beso.

Eso sí, estaremos utilizando para estos importantes episodios de nuestra vida todo lo aprendido y todo el conocimiento que adquirimos a través de la convivencia, a distancia, con personas de diferentes orígenes, de distintas formaciones, y que viven dentro de circunstancias muy distintas a nuestras propias contingencias personales.

En otras palabras, tendremos mucho más que ofrecer, la lista de posibilidades es mucho más larga, entraremos en contacto con seres igualmente ampliados. Y sabemos que, en la misma proporción, las posibilidades de encontrar a alguien muy parecido a nosotros también aumentan. Igualmente se expandirá la posibilidad de cruzarnos con nuestra alma gemela.

¿Es posible hacernos una idea de cómo será nuestra alma gemela? Por supuesto. Nuestros propios sueños y fantasías se encargan de darnos una idea aproximada de lo que esperamos encontrar.

En verdad, nuestro inconsciente envía hacia nuestro consciente una imagen física de cómo debe ser nuestra alma gemela. Como ya nos sentimos atraídos por aquel tipo de persona, el proceso de acercamiento se hace mucho más fácil y espontáneo.

Eso podrá pasar con usted, o con cualquier persona. No hay reglas que determinen como ni cuando debe ser.

Este libro está dirigido sinceramente a las personas que buscan EN VERDAD a su pareja perfecta, a la cual amarán toda la vida, hasta el fin del mundo.

La idea es ser felices para siempre, no por un corto periodo. Y en vista de que buscamos una solución eterna, no hay prisa; pero también, como deseamos ser felices lo más pronto posible, no hay tiempo que perder.

Su alma gemela puede estar lejos, pero también puede estar en la próxima esquina. Nunca se sabe.

Nada sucede al azar, pero necesitamos estar preparados para reconocer la felicidad cuando ésta llama a la puerta.

Espero poder ayudar a mis lectores en su búsqueda y reconocimiento.

Monica Buonfiglio

CAPITULO
1

El interés
en las
almas gemelas

as almas gemelas existen desde que existen las almas. Describo esto de manera simple porque este libro no trata de discutir cuándo fue creado el universo o cuándo surgió el hombre con su alma inmortal. Por lo tanto, siempre que existan almas, existirán almas gemelas.

En la introducción de este libro hay un concepto muy interesante, que vuelvo a repetir, para que quede grabado en nuestra mente: Dios, en su inmensa sabiduría y bondad, al crear cada alma, le dio una forma circular como la de una esfera. Después, partió esa esfera en dos partes y colocó cada mitad en un cuerpo diferente.

Siempre ha existido, en una forma u otra, mucho interés por parte del hombre en el misterio del amor, que también es el misterio de las almas gemelas.

Podemos retroceder bastante en el tiempo y ver, por ejemplo, que Platón, el filósofo griego que vivió entre los años 427 y 347 A.C, ya estudiaba el tema. Él decía que, en el comienzo de los tiempos, los seres humanos eran hermafroditas, esto quiere decir que tenían los dos sexos. Pero en cierto momento los dioses volcaron su furia contra los hombres y separaron los sexos, castigando de esta forma al hombre y a la mujer. Y aquel ser, antes completo, comenzó a buscar el paraíso, algo que sólo sería posible cuando las dos mitades originales se encontraran.

Esta ha sido la explicación más frecuente para la aparición tanto del amor como de las almas gemelas, variando apenas en detalles, que no son tan significativos. Todos parecen concordar en que hubo un tiempo en el cual el ser humano era completo, se bastaba a sí mismo para alcanzar la felicidad. Pero sucedió, en algún momento, una división de ese ser en dos mitades, tanto física como espiritualmente. Y desde ese entonces, el ser humano, hombre y mujer, ha procurado encontrar su otra mitad, a lo largo de los tiempos y de las reencarnaciones.

Así como el hombre no es hoy el mismo que era hace mil años, la relación entre hombres y mujeres tampoco es la misma. Pero no ha habido mucha variación en cuanto al amor se refiere y en la relación a que conlleva este sentimiento.

El amor siempre ha estado muy asociado con la religión, en el más puro de los sentidos. La palabra "religión" proviene del término "religare" que significa convertir o asociar al hombre con Dios. El momento en el cual el hombre está más cerca de Dios es cuando ama. Cuando estamos enamorados amamos todo y a todos. El mundo es mejor, más bonito, el futuro se nos hace más promisorio y todo parece invitarnos a la felicidad. Es un sentimiento que nos une a Dios, y es más que suficiente para que todas las relaciones sean vistas como sagradas, es un ejemplo de lo que hace la filosofía Tántrica.

Por ser un sentimiento tan relacionado con la religión, el amor ha sido solemnizado en todas las artes. En la escultura, en la pintura, en la música y en otras formas de manifestación artística, encontramos el amor como tema predominante.

Pero es en la literatura donde encontramos los ejemplos más fascinantes de historias de amor, sean reales o imaginarios. Y es muy frecuente que se confundan unas con otras, al punto de no poder distinguir cuáles son los personajes que existieron en realidad y cuáles son producto de la imaginación de los escritores y poetas. Finalmente, para aquel que oye y lee esas historias con los oídos y los ojos del corazón, no tiene ninguna importancia distinguir lo real de lo imaginario. Son ejemplos perfectos de almas gemelas, no importa que su historia no tenga un final feliz, pues la eternidad es el verdadero objetivo de las dos mitades que se encuentran.

Los grandes amores fueron resaltados por el arte, desde los tiempos de la mitología grecorromana. Nombres como Tristán e Isolda, Romeo y Julieta, Abelardo y Eloísa, Dante y Beatriz, Apolo y Jacinto, Paris y Helena, San Francisco y Santa Clara, evocan dulces recuerdos de amores eternos, inseparables hasta el punto que sus nombres forman o son pronunciados en conjunto.

Sin embargo, el encuentro de dos almas gemelas, no siempre es el fin de los conflictos. Podemos decir, frecuentemente, que la oportunidad de conocerse y unirse que tienen dos almas gemelas, se presenta cuando una de las dos, o ambas, están pasando por momentos difíciles, en lo concerniente a su cuerpo físico y a su vida en el plano material. Como dicen los astrólogos, es común que una de las dos esté pasando por el tránsito de Saturno, o por un periodo de conscientización en lo que respecta a su misión en la tierra, algo que también puede tener consecuencias negativas en el aspecto financiero. Existen dos razones para que las cosas se den de este modo. Primero, porque la experiencia nos muestra que estamos mucho más atentos y abiertos a nuevas posibilidades cuando estamos pasando por dificultades, y cuando esto sucede, trae consigo la necesidad y el deseo inevitable de cambio. Ante esta situación, es de esperarse que prestemos atención a todo cuanto sucede a nuestro alrededor, explorando las posibilidades y buscando las soluciones que estén a la mano. En segundo lugar, porque al ver que nuestra vida está desordenada por culpa de las expectativas materiales, instintivamente elevamos nuestros anhelos, tratamos de fijar unos objetivos que estén por encima de los cambios constantes, y dirigimos nuestra atención a unas esferas espirituales mucho más duraderas que nuestras ambiciones materiales. Por supuesto, se necesita creer, y de ser así, terminamos por abrir nuestro espíritu a eventos que normalmente pasarían inadvertidos.

En otras palabras: aumentamos ostensiblemente nuestras posibilidades de pasar por nuevas experiencias, entre ellas el encuentro con el alma gemela.

Por otra parte, no podemos señalar la hora para ese encuentro, pues las almas gemelas pueden cruzarse varias veces sin reconocerse. El encuentro final puede suceder después de muchas vidas, después de continuas desilusiones, pero con seguridad sucederá un día. Inevitablemente, las dos partes de la esfera terminarán por unirse nuevamente para formar el todo original.

También tenemos que considerar que el alma gemela puede estar en cualquier lugar, en cualquier momento cósmico. Puede estar o no, en el mismo país, puede estar en un cuerpo físico que esté casado con otra persona, puede estar en un cuerpo que en ese instante esté profesando una religión diferente a la suya. Eso no elimina la posibilidad del encuentro, pero con seguridad disminuye las oportunidades para que suceda. Finalmente, es normal que alguien busque su alma gemela dentro de su morada, entre las personas relacionadas con él, y entre las personas del sexo opuesto. Eso es lo más común. Pero puede suceder de manera diferente.

Recuerde que las personas viven sus vidas dentro de las circunstancias que se les presentan, y muchas veces estas no son las ideales para propiciar el encuentro de dos almas gemelas. Siempre tendemos a definir ese encuentro como si se tratara de un hombre con una mujer que están dispuestos a concretar su unión, tanto en el plano espiritual como en el físico. Y el punto máximo de la unión física es, sin lugar a dudas, el sexo.

En este instante, en particular, es necesario tener mucho cuidado; se debe pensar mucho al respecto antes de sacar conclusiones maliciosas o tendenciosas.

Con frecuencia me pregunto qué sucede con un Padre o una monja de la Iglesia Católica, sometidos a castidad obligatoria. ¿Deben vivir solos, aislados, solitarios y en permanente recogimiento? Creo que las circunstancias de la vida de esas personas se rigen por los patrones normales de la mayoría de los seres humanos. Comienzo a entender que al elegir una vida religiosa, al escoger esta opción conscientes del rumbo que se ha de tomar, se está perfectamente informado sobre las reglas que se deben seguir para ejercer bien las funciones. Por lo tanto no hay imposición, desde que la castidad viene siendo exigida por la iglesia Católica, hace muchos siglos, al ingresar a la carrera eclesiástica los miembros del clero católico saben con claridad todas las exigencias que les son hechas. Igualmente entiendo que si optaron por la vida religiosa, es porque son personas de espíritu evolucionado, que ya han pasado por otras existencias, y sus acciones los llevan a alcanzar un nivel espiritual mucho más elevado. Una de las consecuencias de esa elevación es el traslado de su energía vital del Chakra sexual hacia el Chakra cardíaco, disminuyendo o eliminando el instinto que lleva al ser humano a practicar el sexo. Sus preocupaciones, sus pensamientos y sus rutinas están en otro nivel al no tener la misma urgencia de las cosas más cercanas al instinto. Su frecuencia de vibración es otra, es más elevada.

La siguiente pregunta siempre es: ¿Entonces, ellos no encontrarán su alma gemela? Por supuesto que sí. Pero ese encuentro sólo sucederá cuando el alma gemela de ese religioso o religiosa también se encuentre espiritualmente elevada, pues las condiciones para que se reconozcan así lo exigen.

Revisemos por un instante la lista de ejemplos de almas gemelas. En ella están los nombres de San Francisco de Asís y de Santa Clara de Asís. Por la empatía que los unía, por la similitud de ideas, por el paralelo de sus vidas, es claro y evidente que eran almas gemelas. Santa Clara se unió a las ideas de San Francisco, y sus vidas siguieron el mismo rumbo, bajo las mismas reglas y los mismos sacrificios. Los últimos días de vida terrenal de San Francisco fueron cuidados por Santa Clara, una de las pocas personas permitidas en el recinto donde ese ser maravilloso dejó de existir en su forma material.

¿Puede alguien imaginar que la unión de estos dos espíritus, de estas dos almas gemelas necesitaba de alguna confirmación física? Los más incrédulos con seguridad dirían que no, pues "estaban en otro cuento" como dicen los jóvenes. El nivel espiritual de estos dos seres era asombrosamente alto, y su unión debió ser algo maravilloso, una fiesta celebrada en el cielo.

El sexo entre dos personas que se aman, en especial entre aquellas que encontraron su alma gemela, es algo que las acerca a Dios. Porque al practicar el acto sexual sucede un intercambio de energías, en donde ambos cuerpos vibran intensamente por la unión y por el amor que está siendo demostrado y practicado. Además, el acto sexual viene siendo identificado, en los últimos años, con las palabras "hacer el amor". Ese cambio, con seguridad, no ocurrió al azar. Y aunque esas mismas palabras a veces son mal utilizadas, refiriéndose simplemente a lo que es un acto sexual sin significado y sin sentido, muchas veces pago por una de las partes; es cierto que los beneficios de "hacer el amor" de verdad, generando buenas energías, superan los males de "hacer el amor" sin ningún sentimiento.

Al concluir este primer capítulo, quiero dejar bien claro que TODOS los que están buscando a su amor lograrán identificar su alma gemela.

Durante mi tiempo de reflexión para escribir este libro le pregunté a varios amigos dónde pensaban que podría estar su compañera, y escuchaba respuestas como estas: "No sé, debe estar bien lejos, en el Japón...".

Usted no puede pensar de esa forma. ¡CREA! ¡Siempre es necesario creer! Si pudiera reunirme con cada uno de ustedes les diría frases que dijeran: "Lo especial que es", "Lo bonita que es", !Sonría! En la vida lo que vale son los buenos momentos".

Si en ese momento lo invade una inmensa necesidad de llamar a esa persona tan interesante que usted conoció y que por una u otra razón no continuó con lo que podría ser una maravillosa historia, no sienta vergüenza y haga un nuevo contacto. ¡Sorprenda!

¿Tiene muchas ansias de continuar con la lectura? Esa es una buena señal, ya que los textos angélicos dicen que cuando estamos interesados en determinada lectura o en cierto curso, es porque los ángeles están usando ese medio de comunicación para mostrarnos el camino a seguir. Los ángeles se comunican con nosotros, y por cada página que leemos, ellos agitan las alas de alegría.

Si usted es un(a) adolescente comprenderá lo que voy a decir. Cuando yo tenía esa edad, lo que más me interesaba era encontrar un gran amor. Todas mis amigas tenían enamorado y yo siempre estaba sola. Los amigos me decían que mi soledad se debía al hecho de haber escogido el camino espiritual. Igualmente, era rebelde en casa y quería ser independiente, como todo joven quiere ser. Mis padres decían que con esa actitud, ningún hombre me iba a soportar...

En cierta forma tenían razón. El temor a quedarme sola hizo que me volviera más afable con las personas. Y todo esto tiene algo de verdad, como lo verá en este libro.

Las personas que me conocen saben que estoy absolutamente en contra de cualquier tipo de fanatismo, sea el que sea. No importa el tema o el motivo, el fanatismo es un sentimiento inadmisible. Es odioso y obsoleto. En mis conferencias y cursos hablo sobre las características del encuentro de las almas gemelas. Y siempre hay alguien que al final me pregunta: ¿"PUEDE" uno separarse para quedar libre nuevamente y proseguir en la búsqueda del alma gemela, en vista de que la primera experiencia resultó un fracaso?

Esa es una decisión muy seria, en la cual nadie puede aconsejar a nadie; mucho menos yo. Usted mismo podrá encontrar la respuesta, y cualquiera que ésta sea, se debe luchar contra sus consecuencias.

CAPITULO
2

La atracción
de las
almas gemelas

¿Cómo enfrentar todas esas situaciones sin que se vea forzado en su todo armónico? ¿Qué hacer para que nazca la atracción de las almas gemelas? ¿Cómo conservar lo que se ha conseguido?

Primero, haga una meditación sobre usted mismo. Procure identificar y mentalizar lo que podría atraer a su alma gemela. Con mucha atención y mucho cuidado, verifique que está en paz consigo mismo y con las demás personas.

Debe estar en armonía consigo mismo y con las personas con las cuales se relaciona en su vida diaria, ya sean de su círculo más próximo o de contactos esporádicos. Recuerde que durante ese proceso, la palabra tiene un valor enorme, lo que usted diga es lo que expande su aura. Además, una vez que se dicen las palabras ya no se pueden recoger.

Un pensamiento suyo puede influir en las personas y en situaciones, pero la palabra tiene un poder de comunicación mucho mayor. Las consecuencias de lo que usted dice están fuera de su control.

Sus pensamientos son sólo suyos, pero sus palabras pertenecen al mundo. Procure analizar honestamente sus actitudes y su comportamiento diario. Observe su manera de ser, deje a un lado la envidia con sus amigos, amigas o compañeros de trabajo. ¿Siempre está criticando a las personas? ¿Le gusta que hagan lo mismo con usted? ¿Qué clase de persona se siente a gusto con usted?

Si a su alrededor sólo hay "personas problemáticas", es porque su poder de atracción está siendo ejercido a un nivel muy bajo, logrando de esta manera que en torno suyo se reúnan personas con una evolución espiritual muy lenta, y creando, para sí mismo, un círculo vicioso. Si usted atrae personas de bajo nivel espiritual, ellas lo influenciarán con energías de bajo nivel, haciendo que su evolución se detenga o eche marcha atrás. Así, usted estará propenso a atraer a otras personas de bajo nivel espiritual, una y otra vez.

Para salir de ese círculo vicioso y crear un círculo virtuoso, usted mismo debe comenzar el proceso, de adentro hacia fuera.

No se quede esperando a que alguien cuide de sus carencias. Tenga siempre presente que usted mismo debe conservar la llama encendida en su corazón. Le corresponde a usted hacer vibrar su espíritu de manera positiva, generando energía, y por consiguiente, Luz y Calor.

Trate a todas las personas con alegría, sin esperar recompensa a cambio. Muchos no entenderán su estado permanente de satisfacción porque están envueltos en lo que ellos llaman "problemas".

Los problemas no existen, no son verdad. Sólo es la vida que transcurre con sus altibajos. Somos nosotros quienes acostumbramos a colocar rótulos, y a cualquier cosa que nos causa alguna dificultad o que nos exige algún esfuerzo para hacerla, la llamamos "problema". Estar cabizbajo, enojado, irritado o listo para tomar del cuello a otra persona y exigir "sus derechos", es una actitud muy común que encontramos a diario.

Es tan común, que Toquinho escribió en una de sus maravillosas letras, la frase "soy esclavo de la alegría, y hoy día, mis amigos, eso no es normal". No lo es, pero debería serlo. Y así sería si todos no estuviesen tan ocupados lamentándose del esfuerzo no reconocido. Si nadie repara en lo que usted hace, si sus actos no son valorados como usted cree, no se entristezca.

Generalmente, las personas están muy absorbidas por su trabajo, ocupando sus mentes con las actividades que consideran que son las más importantes. Lo que usted puede hacer es no reaccionar en la misma forma. Reconozca que esas personas tal vez no están sintonizadas en su misma onda elevada de vibración, pero no piense mal de ellos sólo por eso. Es que todavía no les ha llegado el momento, y jamás les llegará si usted no colabora haciendo su parte, comprendiéndolos sin juzgarlos y aceptándolos tal como son. Por favor recuerde esta frase "están" pero no "son". **Sólo Dios existe**. Nosotros apenas estamos.

Su ejemplo, observado por ellos, podrá dar inicio a los cambios necesarios. Si durante su vida, se le presenta una sola oportunidad, una sola, de ejercer una buena influencia sobre alguien, no la pierda, tómela, sin esperar recompensa. Puede que el resultado no se vea de inmediato, pero seguramente, su buena acción jamás se perderá.

Esa actitud aumentará mucho sus propias posibilidades de encontrar su alma gemela.

¿Alguna vez se ha despertado maravillado y extasiado después de un lindo sueño, durante el cual tuvo una conversación íntima y gratificante con "la persona de sus sueños"?

Generalmente, cuando esto sucede, podemos quizá despertar con la incertidumbre de síise trató de un sueño o si en verdad sucedió. Podemos decir que ambas cosas son correctas, porque al dormir usted no deja de existir. Cuando se está adormecido se puede tener una proyección astral, que es tan real en la manera en que usted entienda que su vida es "normal".

Durante esa proyección su cuerpo psicosomático se separa de su cuerpo material, quedando unido a éste por lo que conocemos con el nombre de cordón de plata.

El cuerpo psicosomático es idéntico al cuerpo material o cuerpo físico, pero tiene niveles diferentes de conciencia y existencia. Esa separación entre el cuerpo psicosomático y el cuerpo físico ocurre antes de que usted comience a soñar. Una vez terminada la separación, se inicia la existencia de lo que llamamos "soñar".

En verdad usted estaba sintiendo, viviendo, sólo que en esferas diferentes. Es algo tan palpable, que al despertar, usted tiene una impresión nítida de que su sueño fue real. Y fue tan real como lo es su existencia a nivel de conciencia física.

Todo lo que usted recuerde que soñó, sucedió, con la diferencia de que usted se encontraba en otro plano. En el sueño, se encontró con alguien especial, hubo besos, abrazos, risa y una alegría indescriptible. Esté seguro de que en su sueño, se encontraron las almas gemelas.

Ese encuentro también se da cuando estamos viviendo en nuestro plano imperfecto de la conciencia humana. Es por eso que necesitamos estar atentos para poder identificar el momento en que esto sucede.

Necesitamos prestar mucha atención, a todo cuanto esté sucediendo en nuestro Chakra cardíaco.

Es en el Chakra cardíaco donde vibra la energía de las almas gemelas, y no en el Chakra sexual. Por esa razón es que al encontrar nuestra alma gemela, sentimos grandes deseos de darle un fuerte abrazo, juntando nuestras "llamas Trinas" y haciendo que ambas vibren.

Si, por otra parte, el deseo fuera sólamente sexual, estaríamos identificando una atracción física, enfatizando una relación kármica, con frecuencia sin ninguna evolución. En más de una ocasión puede presentarse un primer encuentro, sin que eso suceda.

En la actualidad ese tipo de encuentro fortuito es muy frecuente. Un hombre conoce una mujer, en las más extrañas circunstancias, y se interesa en ella. Conversan tratando de encontrar puntos en común, intereses que los identifique y cualquier cosa que pueda servir para concluir que son parecidos. Si les parece importante algún pormenor, la relación continúa.

Con la continuidad de la presencia física (en el primer encuentro o en otros posteriores) el punto en común se enfatiza rápidamente. Sucede el primer beso, se lleva a cabo un sutil intercambio de energías, y casi siempre el siguiente paso es el acto sexual.

No importa el juzgamiento moral, y a mí no me corresponde decir si eso es correcto o no. Recordemos que ambos piensan que todo está bien, y que eso es lo que tenía que suceder. Lo importante es que esa atracción sólo está sucediendo a través del Chakra sexual.

Durante el acto sexual, una mujer, parte receptiva en la relación, recibe el karma del hombre en cada eyaculación. Con la repetición del sexo sucederán nuevas descargas de karma, siempre del hombre hacia la mujer. Unicamente sexo, y muchas veces practicado con personas que ella no conoce bien, hará que en su Chakra sexual se vaya acumulando una carga inmensa de energía instintiva, saturándola. Eso originará que su Chakra cardíaco se vuelva cada vez más solitario, porque no está vibrando con la misma intensidad. Esa soledad acabará por provocar depresión y sentimientos de angustia.

Usted ya debió haber leído o escuchado a alguien decir que después de tener relaciones sexuales, quedó con una sensación de vacío inmenso, una sensación de soledad que no debería existir, porque alguien estaba presente físicamente. Tal vez hasta le haya sucedido a usted mismo. Esa persona no lo sabía, pero describió exactamente lo que estaba sucediendo.

Su satisfacción física, obtenida por el sexo, no tiene ningún significado, porque no vino acompañada por la satisfacción espiritual que da el acto sexual por amor.

Su Chakra sexual vibró intensamente, pero su Chakra cardíaco no fue alcanzado. Abandonado y solitario, el Chakra cardíaco provocará el sentimiento antagónico de abandono y soledad.

Durante mis conferencias alguien pregunta siempre, si no existe esa descarga de Karma de la mujer hacia el hombre.

Existe, cuando la relación se efectúa durante el periodo de menstruación. Las costumbres occidentales incluyen evitar el sexo cuando la mujer tiene la menstruación. Por lo tanto es más difícil que haya un paso de karma negativo de la mujer hacia el hombre. En el oriente, más específicamente en los países en los cuales se acepta y se sigue más la filosofía tántrica, los hombres procuran mantener relaciones durante el periodo de menstruación, precisamente para que la mujer libere sus karmas. Se estima que son positivos, ya que el Tantra es el culto a la mujer, y ellas son consideradas diosas.

Cuando una pareja de esposos hace el amor y en verdad los dos se aman, los karmas son intercambiados y transformados en amor puro. El cambio es tan grande que muchos casados se hacen, a lo largo de los años, más parecidos físicamente.

No obstante, esa no es la realidad en Occidente, como lo dije antes.

¿Qué sucede entonces con alguien que tiene relaciones sexuales sin amor, muchas veces con personas casi desconocidas?

Su Chakra cardíaco no vibrará con la misma frecuencia que su Chakra sexual. Prevalecerán las vibraciones de este último, atrayendo continuamente el mismo tipo de situaciones.

Todos nosotros, seres humanos, atraemos y somos atraídos por circunstancias vibratorias. Conseguimos lo que atraemos y atraemos de acuerdo con el momento que pasamos, tanto espiritual como físicamente. Y así caemos en una trampa de la cual tenemos que esforzarnos para salir.

Nuestra propia forma de vestir es un mensaje para el mundo exterior sobre lo que somos y lo que estamos buscando.

Para encontrar un compañero no necesitamos vestir como si siempre estuviéramos listas para ir a una fiesta. La mujer que se viste de una manera determinada conseguirá el tipo de hombre que sólo está interesado en sexo. Al fin y al cabo, eso es lo que usted está transmitiendo a través de su ropa "inmodesta".

Si su manera de vestir tuviera otro estilo, otro tipo de hombre se sentirá atraído por usted. Todo depende de lo que usted quiera conseguir. Utilice su libre albedrío para alcanzar sus objetivos, pero no se deje convencer sólo porque un cierto estilo de ropa "está de moda". Puede ser que esa moda no sirva para alcanzar los fines que pretende.

A usted le corresponde decidir. Nadie podrá hacerlo por usted. Es una decisión individual en el camino de la evolución.

El punto crucial de este tema es que el alma gemela se deja atraer por la inteligencia (Chakra coronario) y por el amor (Chakra cardíaco). El Chakra básico (al que hemos llamado Chakra sexual) atraerá, por sí solo, apenas lo que le corresponde a él, si no vibra en conjunto con los otros. Y usted no querrá atraer almas kármicas, llenas de problemas, o sí?

Por lo tanto, recuerde siempre que su ropa, su lenguaje, sus modales y su comportamiento son mensajes para el mundo exterior, que transmiten lo que usted es y lo que desea. Quien se viste inmodestamente, se expresa frecuentemente con obscenidades y groserías y se comporta de manera inadecuada para llamar la atención de todos; al comportarse así, atraerá un tipo de persona muy semejante, o alguien que se interesará momentáneamente porque usted es "diferente".

La posibilidad de ser usada y desechada después, es muy grande, tan grande como la frustración que se siente cuando la relación termina. Si es que se puede llamar relación a ese tipo de encuentro pasajero.

En este universo de posibles relaciones, es muy importante que sea usted misma. Dentro de los limites aceptables por su propia consciencia, hable de todo lo que tenga valor.

Estimule la "llama trina" de su compañero con temas interesantes y con buenos recuerdos del pasado. No hable sólo de dificultades y de desilusiones, y cuando surjan estos temas, no los aborde en forma amarga y pesimista, pues sólo logrará que su compañero sienta lastima por usted. Hable de esos temas de manera natural, encarándolos como acontecimientos de una vida llena y rica, como es la suya. No existe nadie cuya vida sea un lecho de rosas. Siempre existirán las espinas. No se quede repitiendo las mismas cosas, comentando lo problemático de su relación con su madre; lo mal que atiende su banco, lo aburridos que son sus hermanos, lo ruidoso que es su vecino, el desinterés que tiene el administrador de su edificio, etc, etc.

En lugar de eso, procure adoptar una actitud más sencilla en la vida. Libere totalmente su cuerpo, quítese los zapatos, camine por un jardín sintiendo la tierra entre sus dedos, pasee por la playa, hable sobre las estrellas y sobre la luna.

Llore...no sienta vergüenza de decir "te amo", todas las veces que quiera. Dígalo siempre, no se limite simplemente a decir "tú sabes que sí" cuando él le pregunte si todavía lo ama. Y si él le pregunta esto es porque casi nunca le escucha decirlo y tiene sus razones para estar preocupado. ¿Será que usted descuidó algo?

Cuando, por algún motivo, tenga una discusión, recuerde que muchas veces es más sabio callar que hablar. Tampoco es que vaya a quedar "callada" todo el tiempo. Pues esa actitud es muy ruin cuando se está discutiendo, y un día puede hacerla atragantar. Pero si usted siente que en toda discusión la última palabra debe ser siempre la suya, que esa sea "te amo".

Será mucho más eficiente para cerrar una discusión que cualquier palabra grosera que utilice en su vocabulario. Las almas gemelas detestan las expresiones pesadas y soeces.

Al encontrar a alguien que le atraiga, tenga cuidado. No comience a desvestirlo con sus ojos. No haga ese tipo de evaluación que pueda confundirse con el examen de un animal en exposición. Usted no es así, y tampoco quiere que la otra persona lo sea.

Apenas lo conoce, y si se va a iniciar una relación formal, tendrá todo el tiempo del mundo para conocerse espiritual y físicamente. Los buenos momentos llegarán en todos los planos.

Apártese siempre de dos desgracias: la impaciencia y la vacilación. Deje que las cosas fluyan naturalmente. ¿Ya ha escuchado decir que no se debe apresurar el curso de un río, porque este corre por sí solo? La vida es como un río, tiene su ritmo propio, con algunos trechos planos y suaves, y otros llenos de curvas y turbulencias, donde, generalmente, las aguas tranquilas esconden profundidades desconocidas.

Sea siempre fiel. Nunca traicione. El alma gemela sabe cuando lo hacen y se pone muy triste. Así haya acabado de conocer a alguien interesante y apenas haya salido "algunas veces" con él, no haga citas con otras personas. Usted no sabe lo que está por suceder, y podrá arriesgarse por nada.

Vale la pena acometer esa relación con toda exclusividad. Tenga en cuenta las circunstancias actuales, tales como las posibles dificultades financieras por las que él pueda estar pasando, eso hará que la relación perdure para siempre. Procure oírlo. Ayúdelo a valorar soluciones que puedan llevar a una buena salida. Dé ideas, use su experiencia y su imaginación. Hable con él, así no sea una conversación extremadamente objetiva.

Los nuevos caminos muchas veces se identifican de forma indirecta. Déle la oportunidad de gozar de lo mejor que usted tiene para ofrecer, su amistad.

También trate de darle la oportunidad de participar en las cosas que a usted le interesan, y de disfrutar de las mismas cosas que usted aprecia. Puede parecer poco, pero es muy importante. Y funciona.

Más allá de esas actitudes superficiales, hay otras cosas que usted puede hacer en otros planos.

Comenzaré por sugerirle que procure expandir el Chakra cardíaco que simboliza el amor. Haga de esa expansión del Chakra cardíaco un hábito tan constante de manera que pueda llegar a formar parte de su personalidad. (No vamos a llegar al colmo de salir por ahí abrazando a todo el mundo que cruce por nuestro camino). Pero procure siempre tener una actitud amorosa hacia el prójimo, tratando a todos con mucho cariño y atención.

Utilice como parte de su vocabulario expresiones habituales como "Vaya con Dios", "Buena suerte" o "Que los ángeles lo protejan", y otras con la misma imagen positiva.

Sea siempre tolerante, comprenda que todos tienen derecho a su propia opinión y a su manera de ser, independientemente de si va de acuerdo con usted o no.

El mundo tiene que albergar seres con diferentes pensamientos para poder evolucionar. En esa misión nos ayudamos mutuamente, consciente o inconscientemente. Incluso el mal es necesario para que sepamos valorar el bien.

Comience por ser más tolerante con las personas más cercanas a usted, como sus padres, hermanos y hermanas, hijos e hijas, etc,. Ellos también necesitan de comprensión, ya que tienen sus conflictos internos y sus momentos de duda y aprehensión.

La magia comienza en su propia casa, con aquellos, que por estar siempre presentes, son ignorados con frecuencia. Ellos no tienen la "obligación" de saber que usted los ama. Así como cuando estamos enamorados; no queremos saber nada, sólo queremos escuchar que somos amados, queremos que la otra persona, ya sea el marido, la esposa, el padre o el hijo, diga que está ahí para y por nosotros. Queremos ser despertados con un "buenos días" expresado de manera sincera y entusiasta, como si fuera la primera vez que nos saludaran así.

Un abrazo nunca está de más, tampoco necesita ser justificado por una ocasión o fecha especial. Todos los días son especiales cuando nos sentimos queridos. Bese a sus padres, olvídese del ridículo pudor humano que coloca barreras, incluso en los que están unidos por lazos de sangre, como los hermanos y hermanas.

Son maneras muy sencillas de expandir su aura, y traerán innumerables beneficios. Traerán el alma a su hogar.

Es importante ser escuchados por esa persona con quien necesitamos hablar o queremos desahogarnos. Escuchar es un arte que debe ser cultivado con la paciencia y constancia de un monje. Presté total atención a quien está conversando con usted, no importa quien sea.

Profesión, clase social, raza, religión, poder o dinero no deben ser criterios de clasificación cuando usted se dispone a escuchar a otra persona. Todos son importantes, pues una vez despojados de las características exteriores que nos distinguen en este pasaje, todos somos iguales, somos espíritus que transitamos por el camino de la vida, de la evolución, en dirección a la Luz.

Usted se sorprenderá con las oportunidades que tendrá de ayudar a un semejante sólo escuchando lo que él tiene que decir, así usted no esté de acuerdo. Saber escuchar es una de las formas más gratificantes de ser caritativo.

No rechace a nadie. Aunque usted considere que ese mendigo que está borracho se encuentra en esa situación porque no hace nada para evitarlo, o que se dejó arrastrar a ese estado por haber sido débil, negligente o perezoso, no lo maltrate. Si no quiere, no lo ayude. Está en su derecho, usted está ejerciendo su libre albedrío.

Pero no es necesario recordarle su condición de vagabundo y borracho. El más que nadie lo sabe. Lo que usted no sabe, es lo que él está sufriendo por eso. Usted, que ha evolucionado más que él, sabe que es muy probable que él esté destruyendo su karma, en el mismo camino de evolución que usted está, aunque un poco más atrasado. O tal vez no. Quizá él esté más adelantado que usted, espiritualmente. Nunca se sabe.

Reconozca toda la carga emocional y toda la experiencia de la vida que tienen los ancianos, no importa en la situación en que se encuentren ahora. Tampoco crea que por el hecho de depender de una pensión de jubilación para seguir viviendo, por estar pagando su renta y comprando sus remedios, ellos son infelices. Usted ni yo sabemos cual haya sido el propósito en la vida de esta persona entrada en años.

Tal vez esté extremadamente feliz porque consiguió, a duras penas, que sus hijos terminaran sus estudios, y hoy ocupen posiciones destacadas en la sociedad, disfrutando de la comodidad y de los beneficios que él nunca pudo tener. Tal vez su semblante sea de amargura porque sus hijos no están agradecidos con él. Tenga la seguridad que su amor por ellos sigue siendo el mismo, independiente de su reconocimiento o no. Al fin y al cabo, él es lo que es porque así debía ser, y no espera ganancias futuras ni gratificación.

El hecho es que sencillamente no lo sabemos. Pero en sus arrugas podemos ver las marcas del sufrimiento, y en sus canas la carga de trabajo que soportó. Cada cabello blanco tiene su historia.

Sea respetuoso y cariñoso, no sólo con los ancianos de la familia, sino con todos ellos, porque pertenecemos a la misma e inmensa raza humana.

Expanda su aura, para que su amor llegue a los niños. No se engañe imaginando que eso sólo ocurre con los niños de la calle. Todos merecen ser vistos con amor, tolerancia y paciencia.

Así mismo, aquellos que aparentemente están bien, viajando con sus padres en autos lujosos, habitando en una buena casa y recibiendo una buena alimentación. Tal vez no estén recibiendo lo más importante; el amor de sus padres.

Los niños y jóvenes que vemos comportándose de manera atrevida, ruidosa e inconveniente, tal vez no sean rebeldes ni maleducados. Quizá quieran llamar la atención, aunque lo hagan de forma precipitada o equivocada. Los más "Inadaptados" merecen recibir su carga de amor; tal vez son quienes más la necesitan.

Usted no tiene que decirles nada, ni abrazarlos ni hacer que noten su presencia. Pero cuando los vea, imagine su Chakra cardíaco expandiéndose como un farol que proyecta hacia ellos un enorme rayo de Luz de Color Rosado. Es probable que no lo noten y que no lo agradezcan. Pero usted está haciendo esto por amor, ¿lo recuerda? Usted no espera nada a cambio. Todo le será devuelto el doble cuando encuentre su alma gemela.

Podrá estar pensando que nos apartamos de nuestro tema principal, que es el encuentro de las almas gemelas, pero eso está muy lejos de ser verdad. Estoy tratando de enfatizar que la expansión del Chakra cardíaco es un ejercicio que debe formar parte de usted, pues no hay forma de saber cuándo su alma gemela estará cerca.

No crea que su alma gemela reconocerá la expansión de su amor sólo porque lo hace por ella. Al expandir su amor, no importa con quien, su Luz Rosada será captada por su alma gemela, ya sea que lo esté haciendo porque vio a un niño, porque pensó en el vecino, porque recordó que cuando salió de casa por la mañana su mamá no estaba bien o porque le pareció que su papá estaba muy cansado, sino porque sencillamente usted recordó; de todo el amor que necesitan nuestros semejantes.

Si su alma gemela se encuentra cerca, también recibirá esas vibraciones amorosas, y vibrará junto con usted. Y tal vez hasta se le acerque en ese momento, de manera definitiva. O quizá, quien sabe, apenas note su presencia, sin aproximarse, pero guarde en la memoria aquel instante de cariño que podrá recordar después, cuando llegue la hora del encuentro final.

Todos, sin excepción, se preguntan cómo identificar a su alma gemela cuando la encuentren. Hay que tener en cuenta que muchas aproximaciones son engañosas y pueden encubrir un encuentro fortuito y también una relación que nada tiene que ver con el corazón.

A primera vista no es tan difícil como parece. Si usted es mujer, pregúntese, al conocer un hombre que le haya llamado la atención, si usted actuaría así en caso de ser hombre. Obsérvelo y sea honesta consigo misma. El puede tener un rostro atractivo, un cuerpo bien formado y llevar una buena vida. Pero es avaro, descuidado en su higiene, egoísta e inconstante. ¿Usted sería como él? Si la respuesta es negativa, sabrá que no se trata de su alma gemela.

Si usted es hombre, colóquese en la situación inversa. ¿Usted sería, en caso de ser mujer, frívola, superficial, vanidosa y grosera como es su compañera? No, usted sería más serio, se comportaría de manera más sofisticada, procuraría ser más delicado. Como ve...nuevamente usted tiene las respuestas.

Se puede decir que el alma gemela tiene un espejo al frente, una especie de imagen igual a la suya, vibrando en la misma frecuencia y en la misma sintonía. No nos engañemos, a no ser que nos dejemos llevar sólo por las apariencias externas, por el barniz que recubre nuestro exterior. O que seamos engañados por alguien que simplemente finge ser de una manera determinada; porque le dijeron que esa es la clase de persona que usted admira y de la cual se enamoraría. Pero sólo se requiere de tiempo para que la máscara se caiga, porque nadie soporta por siempre un baile de fantasía. Como dice un dicho popular "un día la casa caerá".

Cuando eso sucede, infortunadamente, se pierde mucho tiempo acometiendo una relación que ni siquiera debió comenzar. ¿Qué hacer entonces? ¿Desesperarnos, arrancarnos los cabellos, entrar en depresión y comenzar a pensar que nada vale la pena?

No, de ninguna manera. Sacudámonos el polvo, procuremos apartar las lecciones positivas de aquel entonces, recordemos los buenos momentos y olvidémonos de los malos, y sigamos nuestro viaje hacia el entendimiento. De ahí en adelante tendremos una experiencia que no teníamos antes, y que con seguridad también fue un regalo que nos envió Dios, ya que aprendemos más con las tristezas que con las alegrías.

En el proceso en busca del alma gemela podemos obtener más de una posibilidad, y esto origina constantes preguntas en mis conferencias. Muchas personas quieren saber si existen almas gemelas en número mayor a dos. O en otras palabras, en la misma forma que existen gemelos y trillizos, ¿es posible que existan almas trillizas?

En mi opinión eso es completamente absurdo. La idea de 4 almas gemelas entre sí, es inconcebible. El hombre es Yang y la mujer es Ying. En esta verdad reside todo concepto de las almas gemelas. Son dos partes de un mismo todo, dividido en sus porciones masculina y femenina. Son dos polaridades que juntas forman una sola. No hay, a mi entender, ninguna posibilidad de un "engaño" del Creador, que haga nacer un todo formado por tres, cuatro o más partes.

Es muy lógico que usted, a esta altura, se esté preguntando si no es difícil encontrar su alma gemela. Con toda franqueza, no lo sé.

Nadie sabe si el camino de cada uno será suave como una nube o accidentado como un trecho pedregoso. No trate de apresurar el curso de un río, ¿lo recuerda? Confíe plenamente, tenga fe en que Dios no se olvida de nadie. NADIE, con letras mayúsculas. Todos tienen su alma gemela. Si usted todavía no la ha encontrado, no se desanime. Tal vez es porque usted no ha alcanzado el grado de evolución a partir del cual ese encuentro le será beneficioso. O también puede ser que usted haya evolucionado pero su alma gemela todavía no.

Esa idea le puede parecer extraña, pero no lo es. Las almas gemelas no evolucionan paralelamente, pues, como ya vimos, somos influenciados por las circunstancias que nos marcan en nuestra vida terrena. Tal vez usted esté practicando unos hábitos que lo convierten en la mejor persona del mundo, pero su alma gemela puede que no esté haciendo lo mismo. Incluso puede ser que ella no haya tenido la oportunidad de informarse de lo que debe hacer al respecto, permaneciendo en la inconsciencia de los que todavía no han despertado al mundo espiritual.

¿Qué tiene que hacer? Continuar la evolución, expandir su Chakra cardíaco, pues usted mismo puede ser el responsable de la evolución de su propia alma gemela. Los círculos se tocan continuamente, haciendo imposible saber cuáles son los que están más próximos en cada momento. Ore por ella, espere por su alma gemela.

¿Qué sucederá entonces si usted alcanza el estadio final de evolución antes que su alma gemela? ¿O si al contrario es ella quien lo alcanza antes que usted?

La respuesta es más sencilla de lo que parece: si un alma gemela alcanza el grado máximo de evolución al punto de abandonar el círculo de las reencarnaciones, su carga de amor será tan grande que decidirá dar la mayor prueba de amor que es posible dar, permanecerá voluntariamente en este mundo de sufrimiento y angustia a la espera de que su alma gemela termine su evolución, y de que ambas puedan ascender juntas.

Piense en eso por un momento. Un alma puede integrarse a la Luz Suprema pero siempre esperará a su pareja. ¿Puede haber una prueba de amor mayor? Solamente un alma gemela sería capaz de tanto amor.

¿Qué hacer ahora con toda esta información? Al fin y al cabo, todo no parecer ser más que un juego de posibilidades.

Pues bien: todo lo que usted está leyendo se está integrando a su plano mental, consciente o inconscientemente se está almacenando en su registro Kashico o Dipikas. Allí está grabado todo cuanto le sucedió en esta vida y en las anteriores.

Para que usted entienda mejor, los registros Ascasicos, o Kármicos también son llamados registradores celestes y graban cada palabra proferida y cada acción realizada por el hombre.

Esos registros son impresiones en las tablas invisibles de la Luz Astral, son retratos fieles de cada acción y de cada pensamiento del hombre, de todo lo que fue o será en el universo. Con esto se forma el molde de su cuerpo etéreo futuro, molde que está ajustado a las condiciones Kármicas.

Platón denominaba a los registros kármicos como "Ideación Eterna" o "Pensamiento Divino".

Esta lectura y cualquier otra que tenga un contenido optimista hace una limpieza en sus pensamientos, y en el preciso momento en que se hace, cualquier karma negativo que pudiera estarse formando termina por perder fuerza. (Recuerde que los karmas comienzan en el pensamiento y culminan con las acciones). Recordando las enseñanzas de Jesús, en este caso perdonar, un pensamiento positivo tiene 70 veces 7 más oportunidades de hacerla feliz.

¿Cómo sucede
el encuentro
de las
almas gemelas?

e n verdad, el encuentro de las almas gemelas sucede mucho antes de ocurrir el conocimiento en el plano físico.

Ese encuentro se va realizando a través de estadios; que una vez ocurridos, permanecen latentes y se van encadenando unos con otros.

El primer estadio es el IDEAL ESPIRITUAL, o el que llamamos de misión. Sabemos que éste se logra cuando, juntas, las almas gemelas alcanzan un desenvolvimiento que jamás lograrán alcanzar por separado. Ambas son invadidas por una inmensa felicidad. Se pelean o se separan, parecen decaer o marchitarse. Llegan a sentir que de ahí en adelante no les interesa nada más.

El segundo estadio se llama SIMPATÍA INTELECTUAL. En este estadio las almas gemelas gustan de los mismos temas, intercambian ideas que a su vez son constructivas. Ambas desean una elevación cultural e intelectual. Los compañeros se incentivan mutuamente en el estudio, en caso contrario entrarían en la esfera de la individualidad y del egoísmo.

El tercer estadio se llama CONCIENCIA E INTERÉS. Cuando muere uno de los componentes de un matrimonio, ninguno de los dos se queda lamentándose ni recordando permanentemente el pasado, pues son conscientes de que son dos mitades de un todo único y perfecto. El estado de ánimo de uno se refleja en el otro como un espejo. La dolencia de uno entristece al otro. Ambos se complementan en todos los sentidos. Este estadio generalmente termina cuando muere uno de los dos compañeros.

El cuarto estadio se llama SIMPATÍA. Las almas gemelas se atraen con más facilidad cuando las personas tienen buen humor y participan de una vida activa. Saben que, para recibir, es importante dar, y debe ser una entrega libre de cualquier sentimiento de rabia, odio o discordancia. Otra cuestión importante que aquí se impone: como están unidas por una conciencia superior, no existe, así se entiende, la necesidad de palabras de bajo calibre o de tono grosero.

El quinto estadio se llama DESEO. El hombre y la mujer se entregan a la pasión, la buscan. Existe la necesidad de conversaciones largas, que durarán horas. Se respetan los largos diálogos y los planes para el futuro.

El sexto estadio es llamado FÍSICO. Es el periodo en el cual el abrazo, el beso y el acto sexual son intensos, cuando existe una elevación del kundalini para la liberación kármica de cualquier miasma que vaya contra la evolución de los dos.

Estos son los estadios que, como dije anteriormente, una vez ocurridos, permanecen y se van encadenando unos con otros. Es muy importante que eso quede bien entendido.

Por más que las personas se desanimen en la búsqueda de su alma gemela, no permita que eso le suceda a usted. No se desanime, ¡jamás!

La voluntad de encontrar el alma gemela es casi intuitiva, llegando también a ser instintiva. Si su lado racional insiste en ignorar su deseo y usted se empeña en decir frases como: "No quiero encariñarme de nadie" o "Soy muy fea, no tengo ningún atractivo", aún así su subconsciente estará CLAMANDO por su alma gemela.

La pasión de los amantes es apenas una inspiración inicial. El amor de las almas gemelas ya nace adulto, independiente de la edad. Joven o anciano, no importa. Siempre es tiempo de amar.

Si usted es una persona muy apasionada, que generalmente vive pasiones fugaces, ¡cuidado! Usted está en medio de un proceso evolutivo necesario, de alma y cuerpo. Esa sensación de estar "con hambre de amor" muestra un egoísmo en la personalidad, que atraerá pasiones descontroladas.

¿Dónde encontrar su alma gemela? ¿En el trabajo, en la calle, durante un viaje?

Lo que digo a continuación no se constituye en una regla, pero generalmente el encuentro ocurre de la siguiente manera: los signos de tierra como Virgo, Capricornio y Tauro encontrarán su pareja en el trabajo.

Los signos de fuego, como Aries, Sagitario y Leo, la encontrarán en los ambientes más diversos. Y cuando hallan su alma gemela, por lo general, pelean con la persona, no simpatizan a primera vista, están en desacuerdo en la mayoría de los temas que discuten.

Los signos de agua, como Escorpión, Piscis y Cáncer, tienen mayores facilidades en reuniones familiares.

Los signos de aire, como Géminis, Libra y Acuario pueden conocerla a través de correspondencia, amigos o llamadas telefónicas.

Todo esto debe ser analizado dentro de la Astrología, y aquí estamos ofreciendo y comentando algunas posibilidades. Ya dentro de la Astrología Védica encontraremos que nos interesamos y nos sentimos atraídos por la personalidad del signo inmediatamente anterior. Por ejemplo, como virginiana, signo de tierra, soy estática, no me agrada asistir a fiestas o bares con el fin de encontrar mi ideal. Terminé por conocer a mi esposo en la escuela, y su signo es Leo. ¿Coincidencia? Creo que no.

También existen personas que no están muy ilustradas (o nada ilustradas) en el tema, y dan suposiciones completamente disparatadas. Una vez, conversando con una productora de televisión, le conté que estaba escribiendo un libro sobre las almas gemelas. Me dijo, entonces, que su alma gemela, de acuerdo a los presagios de una cartomántica, estaba en la India, y que sólo estaba esperando la oportunidad para viajar. No hice ningún comentario, pero quedé triste, pensando que algunos oraculistas deberían pensar mejor antes de hablar. Si bien, ser alma gemela de alguien indica que ella, en este momento, está haciendo lo mismo que usted hace ¡ahora! Ambas llevan prácticamente la misma vida. Probablemente gustan de los mismos lugares, de los mismos actores y películas, se entienden en casi todo. Imagínese si es posible que esta amiga mía se case con un habitante de la India, cada uno con sus características propias, hablando idiomas diferentes, viviendo de acuerdo a ideas diferentes, etc,. Lo encuentro muy difícil de aceptar.

Recuerde que usted se atraerá con su alma gemela porque los dos tienen las mismas afinidades magnéticas, espirituales y posiblemente emocionales.

CAPITULO
4

Almas celestiales
o cósmicas

generalmente, el alma gemela se transforma en alma celestial o alma cósmica, cuando muere el cuerpo físico. Después, siguiendo el camino del Círculo de las Reencarnaciones, se reincorpora, en otro cuerpo humano.

Por lo tanto, las almas gemelas renacen, y si se encontraron en una reencarnación anterior, podrán encontrarse de nuevo, creciendo en el momento preciso, independiente de la edad de los cuerpos que habita.

Es decir, que las almas cósmicas fueron almas gemelas que, en otras encarnaciones, vivieron un amor intenso y maduro, conviviendo en armonía, casados o no. No eran hermanos o apenas amigos.

Cuando sucede el encuentro de las personas que están incorporadas por las almas gemelas, éstas difícilmente pelean, y no existe ningún tipo de sufrimiento en su relación. Todo transcurre en un clima de mucha paz, de mucha armonía y de entendimiento.

Hay una relación muy fuerte, tan fuerte que pueden existir contactos telepáticos constantes, como cuando uno de los dos piensa en algún tema o frase y el otro inmediatamente mentaliza o expresa exactamente lo mismo.

Las personas que incorporan esas almas gemelas trabajan juntas, pasan juntas la mayor parte del tiempo, gustan de trabajar juntas, independientemente de la edad de cada una.

Ahora, el sexo deja de ser una prioridad, y se pueden presentar situaciones en las que la necesidad del acto sexual deja de existir, pues ya se encontraron muchas veces, en otras vidas, las cuales fueron vividas a plenitud.

Existen, siempre presentes, los recuerdos y la convicción de vidas pasadas, y para completar, como si su historia realmente no perteneciera a este mundo físico, las dos, por lo general, sienten una enorme fascinación por las ciencias espirituales.

Les gusta mucho estudiar los temas esotéricos y todo lo relacionado con el mundo espiritual. Juntas, por supuesto.

CAPITULO
5

El chakra
del amor

de la misma forma que todos los seres humanos son portadores de envolturas físicas similares, llamadas cuerpo, también todos poseemos los mismos puntos energéticos, llamados "Chakras". En los textos tántricos, los Chakras son definidos como centros psíquicos. El nombre Chakra viene del sánscrito y significa círculo.

Los Chakras principales son 7, aunque tenemos un total de 72000 puntos energéticos, correspondientes a los meridianos de Acupuntura y de Do-In.

No pueden ser apreciados a simple vista, porque son campos energéticos, y cada cual vibra con una energía especifica, con sus propias y sutiles formas y colores.

Los Chakras principales están localizados en la región sexual, en el bazo, en el ombligo, en el corazón, en la garganta, entre las cejas y en la parte superior de la cabeza (corona).

Un aspecto bastante importante para ser analizado es la correspondencia solar y lunar. La luna está localizada en el centro coronario, y el sol en el centro umbilical.

Cada uno de los Chakras tiene su representación propia, llamada Yantra que significa diseño, y simboliza la división natural del Chakra.

La percepción de esos centros energéticos se obtiene a través de la meditación.

El Kundalini requiere la canalización de la energía sexual hacia arriba, a través de los Chakras sucesivos, con el fin de unirla con el centro de la cabeza, en el punto llamado corona.

El primer Chakra, comenzando por la parte inferior del cuerpo, es el Chakra sexual o básico, está relacionado con las gónadas, o sea, los testículos y los ovarios. De allí proviene la energía utilizada para la procreación y para la actividad sexual. Se conoce con el nombre de "Kundalini", más adelante hablaremos de él con más profundidad.

El segundo Chakra es el suprarrenal, situado a la altura de los riñones.

El tercer Chakra es el del plexo solar o del instinto, está relacionado con el hígado, bazo y páncreas. En este Chakra es donde el alma se une al cuerpo físico.

El cuarto Chakra es el Chakra cardíaco, está situado detrás del esternón, simboliza el Amor. Toda la energía utilizada en el tórax proviene de este Chakra.

El quinto Chakra es el de la tiroides o laríngeo, está localizado en el cuello, es el generador de la energía utilizada en todas las actividades que se desarrollan en esta región, en especial el habla.

El sexto Chakra es el frontal, está situado en la región superciliar, o sea, entre las cejas. También lo llaman el "Tercer Ojo".

El séptimo Chakra es el Chakra coronario, está localizado en la parte superior de la cabeza, en la región comúnmente llamada coronilla.

Es el Chakra de la Sabiduría, del Conocimiento y de lo Astral. A medida que el hombre evoluciona, este Chakra se va abriendo como una flor de loto. En la religión Católica este Chakra es representado como una aureola que envuelve la cabeza de los santos.

Para el encuentro de las almas gemelas se activan los Chakras del corazón (cuarto Chakra), el del Tercer Ojo (sexto Chakra) y el Chakra Astral (séptimo Chakra).

Para que esos Chakras se activen, es muy importante que usted no se sienta reprimido en el momento de demostrar sus emociones, pues su alma gemela podrá aparecer en los momentos más inesperados; generalmente, después de esto se activa el Chakra instintivo (tercer Chakra).

En todos nosotros existe un punto altamente favorable para liberar energías benéficas cuando estamos con alguien. Esa liberación de energía se logra colocando la punta de la lengua contra el paladar y luego detrás de los dientes frontales de esta forma se activa el Soma, o sea, las gotas de Sabiduría.

Los tántricos nos dicen que esa acción hace que la "Llama Trina" de su corazón funda esas gotas de Sabiduría.

Por lo tanto, siempre que tenga la oportunidad y sienta el deseo, ejerza el poder de liberar energía hacia la persona que lo acompaña, practicando el gesto que describimos antes. Todos serán beneficiados, incluso usted, que tendrá el papel activo en la generación de buenas energías.

Recordando: la mejor forma de energizar su triángulo superior (instintivo, cardíaco y coronario) es a través de los pensamientos que se transforman en expresiones como "Buena suerte", "Vaya con Dios" y "Que sea feliz".

Antes de terminar el Curso de los Ángeles, le dejo a los lectores un ejercicio para la expansión del Chakra cardíaco.

Así:

Inhale y exhale tres veces, cierre los ojos, imagine (una realidad y una proyección) que esté anhelando con ahínco. Frote las manos (como si tuviese mucho frío) hasta que siente un leve hormigueo (de esta manera toda su energía queda concentrada en las manos). Separe las manos lentamente, y colóquelas sobre el pecho, en forma de cruz (la mano izquierda en el lado derecho y la mano derecha en el lado izquierdo). Así, tendrás las manos cruzadas sobre el Chakra cardíaco. Mentalice 3 peticiones, siempre utilizando la expresión "gracias por.......", en tiempo presente. Elija algo que verdaderamente desee. La acción de cruzar los brazos de esta forma, sobre el Chakra cardíaco, representa que está en su derecho, y que nadie puede perturbar esa paz espiritual que siente ahora. Después de mentalizar las 3 peticiones, diga la palabra "momentum" que tiene el poder de sustentar sus peticiones en el plano Etéreo y realizarlos.

Pronuncie el nombre de su ángel de la guarda, tres veces, bien fuerte. Termine diciendo: "Yo soy la Paz, la Luz y el Amor. Bendito es mi deseo porque ya se realizó".

CAPITULO
6

Gemelos,
almas compañeras

e pregunté a varios hermanos gemelos lo que pensaban sobre cuál sería la razón espiritual de regresar como hermanos tan cercanos. También les pregunté si creían haber sido almas gemelas en otras vidas.

Todos me respondieron que no, que no eran y que jamás habían sido almas gemelas. No había ningún sentimiento que indicara que habían sido amantes o enamorados en vidas pasadas.

Pensaban que la mayoría de los gemelos están unidos por una fuerte amistad y una especie de telepatía, evidenciada por presentimientos cuando uno de ellos necesita ayuda.

También me respondieron que la amistad es fundamental para una buena relación, pero que cada uno tiene su propio mundo, como cualquier otra persona.

Según Thomas Moore, autor del libro "Soul Mates", los verdaderos amigos son lo más importante en la vida. Pasamos nuestra vida conociendo personas, pero pocas se convierten en verdaderos amigos, aquellos que se podrían llamar almas compañeras.

La sola definición de lo que es un verdadero amigo ya nos da la razón de que hay muy pocos.

Dicen que el verdadero amigo es aquel que nos conoce íntimamente, sabe todo sobre nosotros y así nos quiere. Es también una bella definición de lo que es el verdadero amor por otro ser humano.

Cuando una persona establece contacto con otra y está surgiendo una verdadera amistad, los Chakras cardíaco y suprarrenal (instinto de conservación) vibran, haciendo que los sentimientos de fraternidad, bondad y respeto mutuo sean enaltecidos.

Pero, eso no acontece de un día para otro. Es el resultado de relaciones de vidas pasadas, teniendo en cuenta que muchos casados o hermanos regresan, por las leyes kármicas, en otras familias, cuyo lazo de unión es restablecido en la amistad.

No importan los valores, pues la relación es de alma a alma. Si usted tiene una buena relación con su hermana, por ejemplo, es posible que hayan sido hermanos en vidas pasadas, mas no son almas gemelas, pero sí ALMAS COMPAÑERAS.

Esta amistad está basada en un nivel más espiritual, en el ALMA. Cuando hacemos amistades, es porque en el plano etéreo nuestros ángeles ya actuaban como grandes amigos hace mucho tiempo, formando parte de una misma energía. Entonces, en la tierra actuamos como sus agentes.

Los gemelos fueron grandes y verdaderos amigos en otras vidas. Dedicados a obras grandiosas en pro de la comunidad, la familia es el medio en que vivían. Al reencarnar, trajeron nuevamente esos lazos que los unía.

Algunos, infortunadamente, tienen compromisos con otras personas y por lo mismo se desentienden de los hermanos. El alma comprende ese proceso y no interfiere en nuestro libre albedrío. "Los compromisos son los compromisos".

Uno de cada 80 nacimientos en los Estados Unidos, es de gemelos. Para todos ellos, el vínculo más fuerte es la unión, una relación que comienza en el útero y sólo termina con la muerte.

Es importante que las personas no los traten como uno solo, pues cada uno de ellos tiene su propia alma y su propia manera de ser. Si siempre son tratados en conjunto, corren el riesgo de desarrollar la mitad de las capacidades necesarias para subsistir. Los gemelos idénticos desarrollan métodos propios de comunicación mutua. Cuando uno de los dos pasa por un peligro, el otro presiente lo que está sucediendo, normalmente a través de sueños premonitorios, porque cuando soñamos el inconsciente está abierto, facilitando el contacto astral.

La familia los ve como un regalo de Dios, y siempre reciben mayores atenciones. La madre es blanco de mayores cuidados, y cuando los pequeños nacen despiertan una mayor curiosidad en razón a su semejanza física.

Existe en la mitología, desde la antigüedad, una simbología relacionada con los gemelos, según la cual ellos representan el Bien o el Mal. Ese tipo de asociación, no debe ser estimulado, para que esa información no se quede impresa en sus auras.

Por lo general los gemelos son más competitivos que las demás personas, incluso entre sí, y es muy común que tengan un "coeficiente Intelectual" muy parecido y por encima del promedio.

Están unidos fuertemente, sus elecciones son parecidas, no importa que vivan y sean criados en ambientes diferentes, y llevan vidas casi paralelas, aunque no hagan ningún esfuerzo consciente para obtener ese resultado.

En los casos de trasplante de órganos de un hermano gemelo, estos se adaptan con perfección al cuerpo del otro, como si siempre le hubiesen pertenecido, y no hay riesgo de rechazo.

En conclusión, es muy importante que haya por parte de todos, incluso de ellos mismos, una percepción de la individualidad. Para facilitar, a los gemelos no se les debe colocar nombres parecidos, tampoco permitir que se aíslen de convivir con otras personas.

Aunque los gemelos, idénticos o no, son personas diferentes, dos individuos que deben desenvolverse libremente, cada uno tiene sus peculiaridades y su propio camino a recorrer.

Recordemos que la amistad verdadera se alimenta de comprensión, conducta, gratitud y perdón.

CAPITULO
7

La
amistad

Según investigaciones se ha comprobado, que la existencia de la amistad es tan importante como condición necesaria para conservar el bienestar de una ciudad, y por consiguiente, de una nación. Eso se debe al hecho de que en un país en donde las personas son más amigas, el karma es mitigado.

Probablemente, es por eso que Brasil es un país jovial, descomplicado y sin guerras.

¿En qué consiste la amistad? Diálogo, intercambio de ideas, discusión de dudas y solución, afinidad en la manera de pensar, secretos y angustias compartidos. Y confianza, mucha confianza.

Nosotros sólo nos humanizamos cuando conversamos con nuestros amigos y hablamos de todo lo que nos sucede y nos rodea. Aprendemos, finalmente, a ser más humanos.

Los niños tienen más dificultades en hacer y conservar amigos. Sus amistades dependen más de los hábitos comunes, como actividades deportivas, intelectuales y artísticas, que se desarrollan a diario. Esa es una razón para que ellos idealicen con más precisión a su alma gemela.

Pero los muchachos guardan la expectativa de su alma gemela como un tesoro precioso, sin estar conscientes de ello, y con vergüenza por expresar sus sentimientos.

Las niñas, por lo general, tienen una mayor facilidad para expresar sus emociones y están más acostumbradas a contar sus secretos y expectativas de cómo es su enamorado ideal o el compañero que desean, permitiendo que se perciba lo que esperan.

La verdadera amistad se inicia cuando los adolescentes entran en una fase en la cual cuestionan los valores familiares, principalmente los paternos, y procuran estar en compañía de otros jóvenes con pensamientos y conflictos parecidos a los suyos.

"La amistad es el inicio de la confianza y la intimidad".

"Amistad es esto: yo gusté de ti, tú de mí y listo".

La amistad es llamada el "matrimonio blanco", es decir: llega, se adelanta o se atrasa sin previo aviso. Es tan rara como un buen matrimonio, y generalmente terminamos la vida con muy pocos amigos verdaderos.

Mucho cuidado de no confundir el sentimiento de amistad con las emociones que caracterizan la relación amorosa de una pareja. Es común que eso suceda, generalmente cuando las dos personas se entienden maravillosamente, y una de ellas trata, de manera impropia, profundizar el sentimiento del amor. O también, cuando uno de los dos se enamora del otro, pero no es correspondido. Ahí es preciso tomar una decisión, porque la relación, antes tan gratificante pero limitada a la amistad, puede sufrir consecuencias drásticas.

Una de mis amigas me dijo que presentía que un amigo suyo estaba enamorado de ella hacía ya algún tiempo, pero que, en vista de que su amistad por él era muy grande, piensa que no deben enamorarse.

Es una situación delicada, que debe ser aclarada con mucho tacto y cariño, pues sería una pena que se terminara esa amistad. Al joven no le quedará otra alternativa sino entender que, en lugar de ganar una enamorada, podrá perder una buena amiga, y que no sería bueno para ninguno de los dos. Pero también sería un error si esa amiga mía, por miedo a perder esa amistad o por pena con el joven, aceptara iniciar un romance. Probablemente no se lleven bien y la amistad llegue a su fin.

Y, como dice la canción, "Un amigo es algo que se debe guardar bajo 7 llaves, dentro del corazón".

Espero que la amistad y el cariño de ambos perdure para siempre, después de aclarar la situación. Son almas compañeras, que mantienen sus Chakras cardíacos vibrando mutuamente, creando condiciones para que cada uno encuentre su propia alma gemela.

Una situación muy parecida suele suceder entre adolescentes, cuando un joven o una joven, agraciados y populares, deciden enamorar a alguien sólo porque esa otra persona no goza de la misma belleza o de la misma popularidad. Procurando "AGRADAR" al "patito feo", terminan por crear una ilusión que no podrá perdurar por tener bases irreales y precarias, y causará más mal que bien.

Lo mejor es decir siempre la verdad, y que cada uno se vea como realmente es, física e intelectualmente, y que tenga plena conciencia de que, sin importar como se sea, cada cual tiene su propio valor.

En lugar de estimular el Chakra cardíaco del compañero o compañera a través de un romance circunstancial y hasta cierto punto falso, procure hacerle entender el valor que tiene. Así, el Chakra cardíaco de cada uno generará la energía que facilitará el encuentro de su propia alma gemela, como ya lo dije antes en el anterior ejemplo.

Hablando sencillamente, para que todos entiendan, este mundo necesita tanto de Brad Pitt como de Dustin Hoffmann, y de Julia Roberts como de Bette Middler.

Cada cual tiene su brillo propio, y todos somos estrellas con espacio en el firmamento, si nunca nos dejamos llevar por la vanidad, y si siempre somos sencillos, cordiales y nos preocupamos por el prójimo.

También tenga mucho cuidado al hacer lo que mucha gente hace: probar la amistad de alguien. Corre el gran riesgo de perderla, por dudar y no confiar en ella. Si un amigo se da cuenta de que está siendo probado, probablemente será el fin, porque el pacto intrínseco de confianza ha sido roto, independientemente del resultado.

Como todo en la era de Acuario, los medios de comunicación también se están expandiendo de forma rápida, y ahí está el Internet para probar lo que digo, sin lugar a ninguna duda.

Si hasta hace algún tiempo sólo podíamos hacer amistades encontrándonos con las personas; por cartas o por teléfono; hoy podemos relacionarnos con cualquier persona en cualquier parte del mundo a través de la comunicación electrónica.

Dos personas pueden conocerse por medio del Internet, sin ningún problema. Iniciar una relación vía computador, ya que la distancia y el relativo anonimato inicial harán que ambos se abran totalmente el uno al otro, tocando temas que jamás abordarían con un extraño, en circunstancias normales, o sea, personalmente.

Esa forma de conocimiento me hace recordar la manera como mi madre conoció a su primer esposo, y de lo que sucedió con sus hermanas. Ellas vivían en Patos de Minas, interior de Minas Gerais. La única forma de comunicarse era por medio de cartas. Era relativamente común, en esa época, que el romance transcurriera a través de correspondencia personal, y que los novios se conocieran poco tiempo antes, sino el mismo día, de la fecha señalada para el matrimonio. ¿Le parece extraño? Claro que sí, pero en la Era de Acuario todo avanza en forma extremadamente rápida y es por eso que hoy día eso ya no existe, aunque apenas hayan transcurrido algunos años.

Lo que se hacía hace 40 años, a través de cartas, con la demora normal del servicio de correo, hoy puede hacerse de manera instantánea, vía Internet. ¿Cuáles son las grandes diferencias?

La mayor reside en los valores principales que tratamos de conocer en la otra persona. A través de las cartas, con el transcurso de un tiempo mayor entre pregunta y respuesta, se indaga más sobre las ideas de cada uno.

Hoy, las costumbres cambiaron, y primero se procura saber sobre la parte física, la belleza corporal. Una de las primeras preguntas y más comunes es "¿Cómo eres?", y se exige una descripción detallada. Después de satisfacer el primer parámetro, es cuando se piensa en descubrir lo que hay dentro de la cabeza y el corazón.

Es importante que la persona sea linda, que tenga un cuerpo maravilloso. El intercambio de ideas viene después, si es que llega. Todo acaba por ser muy superficial.

Mientras que en la Era de Acuario, una era de oro, usted podrá comunicarse con todos, intercambiar valiosa información, hacer contactos inteligentes, abrir su corazón, y el desarrollo de esa relación hará que el aspecto físico del compañero sea algo secundario. Además, dentro de la Astrología, Acuario es sinónimo de Informática.

Es posible que cuando dos personas que iniciaron una relación vía Internet se encuentren personalmente, el aspecto físico pase a ser secundario. Habrá, tal vez, un compromiso más verdadero, y se percibirá que el arte de amar está cada vez más vivo.

Es fundamental considerar que la posibilidad de conocerse como seres pensantes y emocionales, antes de comprometerse físicamente, creó bases para una relación mucho más sólida.

No se puede permitir que el arte de enamorar se pierda o se muera. En la magia que representa el amor, la reticencia y los suspiros son sinónimos de sofisticación, y siempre deben andar juntos, pues el placer de vivir consiste en aprender todos los días un poquito más sobre el ser amado.

En el amor que se cultiva diariamente "un beso puede ser una vírgula, el punto de la interrogación, el punto de la exclamación o una línea de unión".

Felizmente, el romanticismo está regresando a través de los computadores y de otros medios de comunicación, entre ellos la televisión.

CAPITULO
8

¿Cómo transformar la vida plena del alma?

e l alma, como ya lo comenté en varias oportunidades, es eterna, y migra como un cristal durante nuestra vida. Y como un brillante que en cada encarnación conseguimos embellecer más, tallándolo y puliéndolo una y otra vez. Esto seguirá siendo así hasta que un día no necesitemos más de la materia ni del cuerpo físico y nos convirtamos en una fuente de Luz.

A medida que escribía este libro entendía con mucha más profundidad la complejidad de la palabra ALMA como sinónimo de individualidad y también que la expresión alma gemela es completa, divina y eterna. En la década de los 80, una mujer buscaba en el hombre sólo un amigo y compañero con quien compartir los gastos del hogar y para que fuera el padre de sus hijos, a los cuales ella podría cuidar perfectamente sola. Fue una época de gran revolución por parte de la mujer, en la que ella abandonó la casa para ir en busca de trabajo.

Nos acercamos al nuevo milenio y nuevamente estamos escuchando, con frecuencia, sobre la búsqueda del alma gemela. En mis cursos en la Oficina Cultural Esotérica jamás abandoné este tema, pero a mediados de 1995 el interés en él superó todas mis expectativas. A pesar de tanta violencia, o tal vez a causa de ella, más y más personas buscan bienestar en alguien en quien puedan realmente confiar, y creen que pueden conseguir la felicidad. Las personas están cansadas de vivir experiencias ruines y, para empeorar más el estado general de las relaciones, llegó el SIDA, terrible y amenazador para todos los seres humanos, sin excepción. Infortunadamente, las personas tampoco se dan cuenta de que el único medio completamente seguro para evitar el SIDA es la fidelidad al compañero o compañera. Fidelidad, algo que es al mismo tiempo muy simple y muy sencillo.

Nuestra alma está representada por los alquimistas como el Santo Grial, el vaso que José de Arimatea y María Magdalena tenían en sus manos durante la crucifixión, y en el cual recogieron la sangre de Cristo. Decían que quien encontrara el Grial tendría todas las recompensas del universo, además de conseguir el Elixir de la Juventud. Nunca nadie lo encontró, y jamás lo van a encontrar, pues es un símbolo, un mito, uno de los más importantes de la humanidad. El Santo Grial es el alma y el corazón de todos aquellos que están sedientos de alegría y satisfacciones y desean la verdad y la felicidad.

Cuando trabajaba con el Oráculo y hacía consultas con el tarot, las runas o las conchas, me impresionaba mucho la manera como las personas me abrían sus corazones. En el recinto donde los atendía me contaban sus ansias, sus fantasías y sus deseos. Pero jamás repetían lo mismo ni adoptaban la misma actitud de confidencia cuando nos encontrábamos socialmente en lugares públicos, por el contrario, adoptaban una postura más esquiva. Me causaban la impresión de estar avergonzados por haberse mostrado tal y como eran anteriormente, como si yo representara una amenaza o le fuera a contar a otras personas lo que me habían dicho. No enten-dían que sus problemas sólo le interesaban a ellos, y no ayudaban en nada en mi camino en busca de la evolución. Sólo escuchaba y aconsejaba, con la ayuda de los oráculos.

Haga con su pareja lo mismo que esas personas solían hacer conmigo: hable sobre usted y sobre todo lo que le inspire respeto: humores, recuerdos, pasiones, emociones, ansias y temores. Si hoy estoy escribiendo este libro es porque cuando conocí a mi esposo, le abrí mi corazón, y le dije que mi gran sueño era volverme escritora, pues me gustaba leer y estudiar los temas esotéricos. Las personas que convivían conmigo le prestaban poca atención a mis pretensiones y se reían de mis ideales. Hoy sé, que esos amigos no eran mis almas compañeras, pues no hacían nada para apoyarme. Es curioso como un alma gemela entiende nuestros procesos de crecimiento y los respeta, por más tontos que puedan parecer a primera vista.

Nunca sienta temor de enfrentar la vida en pareja. Si usted gusta de una persona, no espere que mejore la situación del país para casarse. Adelante, luche por lo que quiere. Crezcan juntos, luchen juntos. Si cada uno cumple con su parte, todo será mejor, y el éxito llegará más pronto. ¿Cómo puedo llevar una vida íntima con alguien? Yo sé que es difícil convivir con el misterio que encierra la personalidad del compañero(a). Si quiere ser verdaderamente feliz, comience por dejar de hacer o escuchar promesas. No las haga y no confíe en quien las hace. Nadie, ni siquiera usted, puede entender lo que sucede en el fondo de su alma. Dé valor a la sorpresa y a lo imprevisto, y nada de promesas. Es la única forma que conozco para afrontar una relación. No hay otra forma. No ponga reglas, tampoco espere mucha disciplina. Cada relación es única, y si le pregunta a las parejas que permanecen juntas, terminará escuchando que la personalidad de uno no tiene nada que ver con la del otro, y otras cosas más chocantes. No obstante, el resultado de la unión sólo puede definirse como extraordinario. Lo importante es que usted y su compañero(a) honren, cada uno, su propia personalidad. En algunos libros encontré, como sinónimo de alma, la palabra "vida". ¿Por qué o por quién daría usted la vida o con quién pasaría largas horas trabajando placenteramente? Piénselo. Vea si esa persona que conoció haría lo mismo por usted, o si respetaría su alma. Su respuesta, si es honesta, le dirá mucho de lo que desea saber.

Cada vez percibo más que una gran mayoría desea encontrar su alma gemela inmediatamente, si es posible hoy, o a más tardar mañana; ansían una solución inmediata, difícil de alcanzar, porque el tiempo para que esto suceda está marcado para el futuro.

Ya que nuestro inconsciente busca rituales y mitos, incluí en este libro algunas oraciones valiosas para que su Llama Trina del Amor se encienda e ilumine su camino.

Estar con alguien es una situación muy deliciosa. Compartir el mismo espacio, la misma casa, la familia, los amigos, los muebles, las tradiciones, las historias, la cultura...¡qué bueno! La vida es muy simple, nosotros somos los que la complicamos a todo momento.

Vea, por ejemplo, cómo durante el almuerzo o la cena existe un super-precioso intercambio de información. ¿Sabe por qué? Porque en esa hora estamos re-equilibrando el Chakra instintivo, el que está localizado en el ombligo, y en los textos orientales se representa con un león que se alimenta de carne y siempre está listo para una buena pelea. Sólo le estamos dando salida al Chakra cardíaco o del Amor. ¿Ya se dio cuenta, por ejemplo, lo agradable que es para una pareja salir a cenar con amigos? Mientras el cuerpo se alimenta con comida, el alma se alimenta de información y de emociones.

Vea la lección de la vida que representa esa pareja después de estar juntos durante muchos años, y todas las historias que tienen para contar. Quiero que usted también me cuente la suya, algún día. Su alma gemela no será un regalo del cielo, ni una ofrenda de los ángeles, pero sí es el resultado del cultivo constante del afecto y la amistad.

CAPITULO
9

Encuentre
su pareja
ideal

Muchas personas, cuando se les pregunta de cómo imaginan que sería su alma gemela, responden que "cualquier persona estaría bien".

Sabemos que no puede haber sinceridad en esa respuesta. Todos tenemos una imagen de cómo debe ser nuestro compañero(a). Todos tenemos, desde muy temprano, una idea y un ideal del amor. Durante nuestra evolución modificamos nuestra idea, mas no nuestro ideal.

Cuando era muy joven, tenía como ideal de perfección al actor Charlton Heston, en ese entonces ya era un artista consagrado.

Era mi actor favorito, no sólo por las películas que hacía sino también por la imagen de seguridad, seriedad y madurez que él transmitía.

También me decía mucho su participación, colaboración o patrocinio en obras benéficas y asistenciales.

Hoy día actúa muy esporádicamente, pues ya tiene más de 70 años de edad. Como ya no aparece tanto como antes, su presencia ya no me marca tanto.

Por eso, hace poco, cuando alguien me preguntó cuál era mi actor favorito, respondí sin titubear: Sean Connery. Que también debe tener más o menos la misma edad de Charlton Heston.

La diferencia es que Sean Connery tiene mucha más participación en el cine actual, y por consiguiente, lo tengo mucho más presente que Charlton Heston.

Sin embargo, mi ideal de una persona madura, que inspire confianza y transmita dignidad no se modificó.

Ambos proyectan más o menos la misma imagen que describí en relación con Charlton Heston, dejando evidente que mi ideal, en verdad, permaneció intacto.

¿Recuerda las horas que usted pasaba recortando de las revistas las fotografías de los actores con quien se identificaba y con quien creía que se casaría algún día?

¿Se parecen a su compañero actual, en carácter, personalidad, altura, etc,? La explicación es que en su búsqueda de un compañero, ese ideal inicial no cambió, ni siquiera con el transcurso de los años, y usted consiguió a alguien que corresponde al tipo de persona que la atraía desde tiempo atrás.

Hace algunos años una amiga me dijo que le gustaba ver una telenovela donde un actor representaba a un joven rebelde. Hoy, curiosamente, ella está casada con un médico diez años más joven que ella.

Su esposo está muy lejos de ser un joven problemático y rebelde, pero su familia estaba totalmente en contra de este matrimonio, y él supo luchar por lo que quería.

Esa oposición representó la misma carga de conflicto que ella vio en la telenovela donde actuaba ese joven rebelde. De esta forma, ella vivió más o menos la misma situación que la inspiraba.

Cuando una joven recorta fotografías de una revista lo único que hace es enviar a su cerebro mensajes que quedarán grabados en su memoria para siempre, como si fuese un computador.

Y si alguien le pregunta lo que ve en ese artista, ella responderá sin vacilar: "me gusta porque es perfecto" esta es la forma típica de definir un amor ideal.

En un curso de angelología enseño la utilización del correo angelical. En él, la persona escribe diez peticiones, utilizando el tiempo presente, y evitando escribir las palabras, no, nunca, jamás, deuda, ilusión y amargura. A pesar de ser un ejercicio muy sencillo, las personas siempre consiguen obtener un efecto muy bueno. Haga el mismo ejercicio escribiendo en un papel una lista de diez cosas que le gustarían en la elección de su compañero(a) ideal.

Puede colocar cualquier característica en esa lista, como temperamento, edad, color de piel, color de ojos, altura, apariencia, grado de escolaridad, familia, profesión, espiritualidad, etc.

Para que este ejercicio dé resultados usted debe recordar que sólo alcanzará su ideal si lo desea fervientemente.

Su ideal de alma gemela, aunque usted no esté consciente de eso, ya existe. No olvide que antes de que ustedes reencarnaran eran uno sólo, y por lo tanto, él o ella está en alguna parte del mundo. Usted también puede colocar los recortes junto con su carta. Ponga todo en un sobre, séllelo y colóquelo dentro de la Biblia, junto a los Salmos 90-91 durante 7 días.

Puede que a usted le parezca extraño colocar un sobre dentro de la Biblia, pero ¿acaso no es sagrado el encuentro de las almas gemelas?

En el octavo día queme el sobre, sin abrirlo, con la llama de una vela de color rosado y sople las cenizas en un jardín.

El acto de quemar representa poner en práctica su petición, es decir, accionar el movimiento de las almas gemelas en el plano astral.

Recuerde la fuerza de los pensamientos. Un pensamiento bueno, más de allá de limpiar su aura, también modifica la química de su cuerpo.

Cuando usted está feliz, su química es más alcalina, y cuando usted siente rencor o tristeza su química es más ácida.

Es por eso que los sentimientos negativos provocan molestias físicas, como problemas en el hígado, etc. Perciba entonces la gran eficacia que representa escribir esas peticiones y espere por el resultado.

Tengo una historia simple para contar, y que ejemplifica bien lo que quiero decir. En 1989 ya llevaba 3 años de haber terminado con mi enamorado y me sentía muy sola.

En aquel entonces las enseñanzas decían que sólo conseguiríamos alcanzar un ideal espiritual si nos quedábamos solos, como un ermitaño.

El mundo espiritual me fascinaba, pero también lloraba mucho porque era muy joven y no deseaba quedarme sola. Encendí mi vela rosada e hice un Mandala del que consta en el libro La Magia de los Ángeles Cabalísticos, pidiendo por mi alma gemela. Transcurridos diez días recibí una llamada de mi exenamorado invitándome a ver lo que él había construido en el interior, insistía en que le gustaría que yo fuera, ya que siempre había apoyado sus ideales.

¡Creí que la magia había funcionado! Al fin y al cabo, él era mi alma gemela, pensé.

Un día bastante lluvioso, salí bien temprano de Sao Paulo. Cuando pasaba por Anhanguera, sufrí un accidente y quede presa entre los hierros retorcidos del auto por algún tiempo.

Después de librarme, y constatando que felizmente no había salido lastimada, vi a la grúa llevárse mi auto y pensaba: "¿Por qué los ángeles me harían esto?" Me dio más tristeza la actitud de un joven que no quiso ayudarme en nada.

Pero al mismo tiempo percibía que, en verdad, mis sentimientos hacia él no eran tan fuertes. Algo no andada bien.

La misma semana en que sucedió todo esto, después de terminar un curso de Tarot, un hombre que había conocido aquella noche, y que me había encantado, me ofreció llevarme.

Acepté, y para acortar la historia, hoy estoy casada con él y tenemos un lindo hijo, llamado Víctor.

Siempre que cuento esta historia me emociono profundamente.

Tengo la seguridad de que, siguiendo los pasos correctos, usted también tendrá su historia para contar, con sus propios detalles y con más emociones nuevas de las que yo tuve en mi vida en cuanto a las cosas del amor se trata.

Si quiere, haga también las oraciones que encontrará en algunas páginas de este libro. La oración logra limpiar su aura de algún miasma negativo. Aparte de eso, también abre un canal psíquico entre usted y su Yo superior, su conciencia más elevada.

No existe hora ni lugar que no sea apropiado. Desde que usted esté concentrado(a) y tenga la firme intención de comunicarse con las esferas superiores, tenga la certeza de que todo lugar es bendito en ese momento. Siga su corazón, y haga sus oraciones con amor.

Según el autor Russ Michael, en su libro "Cómo encontrar su alma gemela", el conocimiento de ciertas leyes puede ser utilizado para acelerar el encuentro físico con su alma gemela. La siguiente ley es básica y muy importante, y puede ser usada por cualquier persona: la energía acompaña al pensamiento. Si a usted no le importa si su alma gemela va a aparecer o no, la propia frialdad de su actitud lo mantiene alejado y la conservará a una distancia segura.

Aunque para obtener el resultado esperado, es necesario que usted se ponga en acción, o sea, que no le pida a nadie que haga la oración en su lugar. Su propia energía debe ser utilizada para que se concrete el resultado deseado. Al colocar su propia actividad física en el trabajo, estará generando Energía, y por consiguiente, Luz y Calor.

CAPITULO
10

La búsqueda
en la
vida diaria

e n esta conversación sobre las almas gemelas nos hemos movido siempre entre dos polos que, aunque son diferentes entre sí, también están constantemente entrelazados: nuestra alma, representando la vida espiritual, y nuestro cuerpo físico a través del cual mantenemos nuestra vida terrena. No existe uno sin el otro. No tenemos alma sin cuerpo, ni existe cuerpo sin alma.

Por cuerpo físico entendemos nuestra envoltura, todo lo que forma o se llama cuerpo humano. Incluyendo el cerebro por medio del cual desarrollamos nuestras ideas e intelecto.

Vimos también que nuestra búsqueda del alma gemela se desarrolla a través de nuestra evolución, pero sólo es posible a medida que vivamos nuestros acontecimientos en el plano físico. Caminamos, trabajamos, estudiamos, vamos a cine, vemos televisión, participamos en caminatas, practicamos deportes, viajamos, leemos, nos enfermamos, somos sometidos a cirugías, envejecemos, reímos, etc. Practicamos todas las acciones que son propias de los seres humanos.

Es muy común, sin embargo, que no consideremos el detalle de que no todos los seres humanos, si tenemos en cuenta todas las diferentes épocas por las que ha pasado la humanidad, practicaron siempre las mismas cosas.

Hoy día, por ejemplo, es razonablemente común que alguien viaje en avión, hecho que era imposible hace 500 ó 100 años atrás. Hoy tenemos a nuestra disposición una carga inmensa de información que nos llega a través de la radio, los periódicos, revistas, televisión, computador y otros medios de comunicación. Nada de eso existía hace cierto tiempo.

Hoy nos transportamos rápidamente, utilizando ómnibus, automóviles, barcos de motor, aviones propulsión a chorro, etc. Junto con cada ser humano que se traslada de un lugar a otro en esta nuestra nave espacial llamada tierra, viaja toda la información que ha recibido. El mismo se convierte en un vehículo de comunicación. Cada vez que usted le pregunta a alguien si vio o escuchó determinada noticia y él le comenta algo, está haciendo el papel de comunicador.

Hubo un tiempo en que la única manera para que circulara una noticia era a través de las personas. No había periódicos, porque no había imprenta. Y mucho antes a esa época, no había nada escrito, porque no había tinta ni papel. Las historias y las noticias circulaban, entonces, de boca en boca. La famosa tradición oral, gracias a la cual las historias y las maravillosas leyendas fueron conservadas para nuestro placer.

Pensé premeditadamente de esa manera para comparar ese estadio del hombre con el momento histórico por el cual atravesamos hoy. Saltamos, usted y yo, de un cuadro en el que el hombre anda a pie o a caballo y sólo se comunica con quien está a dos metros de él, hacia el mundo actual, en el que cargo conmigo el teléfono celular con el cual, desde cualquier lugar, puedo hablar con quien quiera, no importa que esté en otro país. Todo se sabe y todo se modifica rápidamente.

Cambiando el mundo, cambiarán las circunstancias que rodean al hombre. A medida que aparecen las novedades tecnológicas el hombre también se va modificando. Aprende nuevos hábitos, adquiere nuevas preocupaciones, amplía sus conocimientos e incluso agrega nueva intensidad a sus emociones.

No obstante, después de todas las modificaciones drásticas por las cuales ha pasado la humanidad, continuamos con los mismos 5 sentidos originales: gusto, oído, vista, tacto y olfato. ¿Entonces, el hombre no ha cambiado? Físicamente, no. Seguimos iguales, con pequeñas modificaciones provocadas por la evolución de la especie.

¿Y espiritualmente seguimos igual? La respuesta es no para algunos y sí para otros, porque espiritualmente evolucionamos de manera individual.

¿Cuál fue entonces la gran consecuencia de todos esos progresos materiales? Respuesta: cambiaron las circunstancias que rodeaban al hombre como ser espiritual destinado a la evolución.

Paralelamente, las eras físicas de la tierra, o del mundo espiritual también se fueron modificando. Para hablar del cambio más reciente, salimos de la Era de Piscis y entramos a la Era de Acuario, donde todo sucederá de forma más rápida. Piense un poco en la velocidad con que van apareciendo nuevos inventos y como son puestos en práctica. Hace 20 años nadie imaginaría que estaríamos utilizando en nuestro hogar y escritorio un computador personal, hasta para escribir libros. Y fijándonos en el campo de los computadores, es casi imposible seguir la evolución de los modelos colocados en el mercado, cada uno más veloz y eficiente que el anterior. Todo progresa rápidamente, utilizando la palanca del avance tecnológico, que a su vez llena al ser humano con una carga de información de la que hablé antes, modificando la forma como utiliza su cerebro, pero ejerciendo poco impacto directo en su espiritualidad. Sólo ahora, con la entrada a la Era de Acuario, es cuando la tecnología comienza a servir en el campo espiritual, posibilitando que nuevas enseñanzas se esparzan más fácilmente para todos los que estén interesados.

¿De qué forma afecta al individuo todo ese volumen de información? La forma más dramática es a través del conocimiento de las experiencias vividas por una gran cantidad de personas, experiencias transmitidas por los más diversos medios de comunicación, cosa que en el pasado el individuo sólo podía esperar aprender de sus propias experiencias. Cada uno adquiría nuevos conocimientos sólo a través de sus propios errores y aciertos o, en la mejor de las hipótesis, observando al vecino o conocido. Pero ninguno podía saber si éste o aquel proyecto debería o no ser intentado, porque alguien en Escandinavia ya experimentó y no funcionó. Por medio de las noticias en los periódicos, programas de televisión, transmisiones radiales o entrevistas en revistas, para citar apenas los medios más comunes, juntamos nuestras experiencias con las de millones de personas que viven y vivieron en este mismo planeta. Extraordinario, ¿ah?

Mi objetivo aquí es decir que a medida que los individuos se vuelvan más instruidos, también se vuelven más exigentes. En la proporción que cambie el individuo, también cambia el grupo en el cual vive, pues el grupo es la suma de los individuos. El país es la suma de los grupos y la humanidad es la suma de los países. Todos evolucionan, ya sea, consciente o inconscientemente.

Hasta ahora hemos hablado desde el punto de vista material, mental y físico.

¿Y espiritualmente, dónde estamos? Seguramente no tan evolucionados como quisiéramos ser, pero mejor de lo que estábamos hace cinco mil años. Y en un estadio en el que la evolución será aún más acelerada por motivos diversos. Esa es la tónica de la Era de Acuario. Una evolución acelerada, una era de mucho dinamismo.

Tenemos noticias, por ejemplo, de que las mujeres, en los años 90, están leyendo en un 70% más que en la década anterior. Un gran proceso, ¿no? Yo diría que es un buen comienzo para una evolución real, y para que nuevos conceptos tomen su lugar. Principalmente, porque a los hombres le gusta conversar e intercambiar ideas con mujeres inteligentes y bien informadas. Piense, ¿cuántas veces encontró a alguien que parecía, a primera vista, muy interesante, pero su conversación no iba más allá del último capítulo de la telenovela o si no de las "grandes decisiones" que deben tomar al escoger la ropa que van a usar, haciendo imposible que cualquier diálogo sea interesante, ya sea con un hombre o con una mujer? Eso comienza a cambiar, a medida que las mujeres adquieren conciencia de que pueden ocupar lugares destacados en cualquier sector del mundo moderno. Sólo necesitan prepararse para eso, y conocer de lo que es capaz la fuerza de voluntad de un ser humano.

Ese progreso de las mujeres, no obstante, es un hecho importante, pero no aislado. Está ligado internamente con el progreso simultáneo de los hombres, que se ven igualmente beneficiados por la información esparcida rápidamente por todo el mundo. Si los hombres y las mujeres tienen cambios positivos, cambian las circunstancias en que esos seres humanos se desenvuelven entretanto vivan, estudien y trabajen. Y también mientras buscan a su alma gemela, ya sea inconscientemente.

Las condiciones de la búsqueda del alma gemela en la actualidad, son extremadamente diferentes de lo que eran hace cincuenta o cien años atrás. Hoy es posible que los hombres y mujeres frecuenten establecimientos que antes eran reservados sólo para el sexo masculino. Dejaron de existir muchos prejuicios, permitiendo que la convivencia de ambos sexos se extendiera a casi todos los lugares, sin discriminación. Está claro que, ampliándose el número de lugares donde hombres y mujeres puedan estar juntos, aumenta el tiempo de convivencia y, por consiguiente, es más grande la posibilidad de que las almas gemelas se encuentren.

Partiendo, por ejemplo, de una encuesta realizada por la Universidad de Sao Paulo, constatamos que personas semejantes acostumbran a casarse entre sí, y que ellas procuran, para establecer una relación estable y permanente, las que tengan un perfil parecido al suyo. Ese proceso de elección es, hoy, facilitado tremendamente por la existencia de más establecimientos de frecuencia mixta, como mencioné hace poco. Debido a que las mujeres pueden frecuentar casi cualquier tipo de establecimiento, está claro que la misma elección de a dónde ir, es ya un primer paso para llegar a alguien que le sea semejante. Un hombre que gusta de frecuentar un bar con música en vivo es seguramente más parecido a una mujer que gusta del mismo tipo de ambiente que otra cuyo programa favorito es pasear por un parque temprano en la mañana. Por otro lado, una mujer que adora ir a conciertos de música clásica no tendrá muchas afinidades con un hombre que tiene como mayor preferencia espectáculos de música popular. Sin embargo, con esa diferenciación inicial, los engaños aún son posibles, pues ambos pueden encontrarse en un ambiente de trabajo, por ejemplo, y encontrar que son parecidos, apenas porque les gusta la música. Una vez envueltos por el ambiente emocional de un interesante encuentro, podrán pensar que el tipo de música que le gusta a cada uno es apenas un detalle que puede ser arreglado.

Volviendo a la encuesta de la Universidad de Sao Paulo veremos que en la elección de la pareja ideal, se tiene en cuenta que esa otra persona sea inteligente, sincera y atractiva. Cualidades que pueden encontrarse en cualquiera de los individuos que ya describimos; me refiero a los que frecuentan los bares con música en vivo, y los que gustan de pasear en el parque en las horas de la mañana, o aquél que adora los conciertos de música clásica o del que gusta de la música popular. Todos pueden ser atractivos, sinceros e inteligentes.

O sea que el proceso de constatación de igualdades es cada vez más selectivo, extendiéndose a detalles que no serían tenidos en cuenta en un mundo diferente al de hoy. Al mismo tiempo, mientras las posibilidades de encuentro se amplían, también aumentan las dificultades para llegar a una conclusión correcta, haciendo que hombres y mujeres se vuelvan mucho más atentos de lo que eran antiguamente.

Pero la encuesta no termina ahí. El psicólogo Ailton Amélio da Silva, profesor de disciplina de la Relación Amorosa del curso de postgrado de la Universidad de Sao Paulo y organizador de la encuesta, entrevistó a personas de todas las clases sociales, con edades entre 17 y 55 años, aplicando un cuestionario compuesto por doce puntos. La encuesta mostró que incluso el hombre que busca una relación pasajera

también busca mujeres inteligentes y no a[...]
que las mujeres, a su vez, son mucho más [...]
hombres.

Vea las cualidades que los hombres busc[...]
al intentar identificar una compañera, por orden de
preferencia:

1- Inteligente   7- Elegante
2- Sincera y honesta   8- Gentil
3- Bonita   9- Sexualmente liberada
4- Esforzada   10- Joven
5- Sexy   11- Cuerpo escultural
6- Comprensiva   12- Status alto

En la misma encuesta se le preguntó a las mujeres cuáles
serían, en su opinión, las cualidades buscadas por los
hombres. Las respuestas, también por orden de preferencia
fueron:

1- Sincera y honesta
2- Comprensiva
3- Inteligente
4- Esforzada
5- Gentil y atenta
6- Elegante

A ambos sexos también se les preguntó cuáles serían las
características que llevarían a las personas a un rechazo total. Las respuestas fueron las siguientes:

1- Falta de inteligencia   6- Político corrupto
2- Falta de higiene   7- Gran diferencia de edad
3- Vulgaridad   8- Defectos en la apariencia
4- Diferencia de nivel cultural 9- Fumador o vicioso
5- Egoísmo   10- Condición socio-económica

Los adolescentes consultados tuvieron mucha sensatez en las respuestas número 6 (Político corrupto) y número 9 (Fumador o vicioso), evidenciando un grado de conscientización bastante elevado y dando una muestra de lo que podemos esperar de nuestros adultos dentro de algunos años. También es interesante aclarar que en el punto 8 (Defectos en la apariencia) se mencionó mucho el tema de la altura, no eran bien vistos los muy bajitos ni los muy altos. Naturalmente en esta última respuesta debe tenerse en cuenta la altura de los encuestados, creo yo.

Continuando con el análisis de los resultados de la encuesta, quedó constatado que los brasileños buscan, como ideal de su alma gemela, lo mismo que procuran los hombres y mujeres del primer mundo. Esa es una demostración de la globalización de información a la que nos referimos al comienzo de este capítulo, pues difícilmente una encuesta de ese tipo tendría resultados tan parecidos si se hubiese hecho hace doscientos años. (Si es que hubiera sido posible hacer una encuesta tan ceñida y específica en esa época). Otros atributos mencionados en la lista fueron: buen carácter, estabilidad emocional y madurez, buena salud, deseos de formar un hogar y tener hijos. Creo que esa encuesta demostró que el brasileño ha evolucionado tanto en sus preferencias como los habitantes de países más desarrollados, dando valor a cualidades que van más allá del aspecto puramente físico.

Si analizamos encuestas semejantes hechas en otros países, verificaremos que no siempre las opciones son las mismas, pues éstas, como he comentado, son influenciadas por las circunstancias que rodean la vida de los individuos y de los propios países. Los colombianos y los venezolanos, por ejemplo, valoran mucho más la buena apariencia y la estabilidad emocional.

Por más inadecuado que eso pueda parecer, sabemos que uno de los mayores obstáculos que se puede encontrar, tanto en la relación con las almas Kármicas como con las almas gemelas, es la propia familia. Sabemos que, por regla general, la familia tiende a ser super protectora, interfiriendo a veces en forma indebida en el desarrollo de la existencia individual. Esa interferencia puede llegar al extremo de hacer que se acumule más karma en esta vida que en las anteriores. Si eso le sucede a usted, trate de explicar, de la mejor manera posible, que todo lo que aparece en su camino forma parte de su proceso evolutivo, que nada sucede porque sí, no importa que sea una relación tempestuosa y aparentemente incierta. Procure inculcar en su grupo familiar que ninguno tiene derecho a juzgar, condenar y tirar piedras. Hágalo sin desalentar el entendimiento, la comprensión, el diálogo y el respeto mutuo por la individualidad y por el derecho a escoger libremente el camino a seguir.

Un ejemplo evidente de ese tipo de interferencia, que genera conflictos y soluciones drásticas, ocurre con una pareja de vecinos que quería casarse. Ambos eran viudos, ya tenían varios bisnietos. Los hijos no aprobaban la unión, y esto los obligó a huir para casarse. Se mudaron al interior del Estado de Sao Paulo, donde viven, felices, lo que ellos llaman su "última luna de miel".

Ese caso demuestra que nadie, a cualquier edad, está libre de interferencias, y también que cuando dos personas se quieren y se aman, no dudan en tomar las soluciones necesarias para permanecer juntos, aunque no cuenten con la bendición de los seres queridos. A pesar de las opiniones contrarias, saben encontrar su felicidad, luchando por ella.

CAPITULO
11

Oraciones

Las oraciones son la forma y la fuerza de la invocación y del encanto, es nuestro medio de comunicación con quien está arriba de nosotros. Deben hacerse con mucha fe, no se debe dudar de su poder ni por un segundo. Por eso, cuando se termina una oración, decimos la palabra "amén", de origen hebreo, que en el contexto esotérico significa "Verdad", y a veces también se utiliza la palabra "amén" proveniente del latín que significa "Así sea".

Toda oración inicia una reacción en cadena. Influye en usted mismo, en los que están a su alrededor, en los que habitan en su casa y en todos sus allegados, con un alcance inmenso. Los pensamientos, expresados a través de las oraciones, se convierten en voliciones espirituales, dando origen a las transmutaciones.

¿Cuántas veces se puede hacer la misma oración? Todas las veces que quiera, todas las veces que usted crea necesarias. Es una de las mejores formas de entrar en contacto con el mundo divino y con su propio interior, elevando el nivel de sus pensamientos.

Si quiere, encienda la vela rosada (amor). El acto de encender la vela (fuego = acción) representa la voluntad de activar, de mantener vivo el vínculo que une nuestros deseos y pensamientos con la oración o pedido.

ORACIÓN EN BENEFICIO DEL CUERPO EMOCIONAL

(Esta oración actuará como una limpieza en su aura, purificando y expandiendo su Chakra cardíaco. Fue transmitida por Saint Germain, el Guardían de la Era de Acuario. Saint Germain era considerado como un personaje histórico que surgió en el Siglo XVIII en Francia, Inglaterra y en otros países. Fue un gran alquimista, un hombre rico, y jamás le pidió favores a nadie. Hablaba 8 idiomas y varias lenguas orientales. Acostumbraba a pasar de 37 a 49 horas en éxtasis profundo. Predecía el futuro sin equivocarse nunca. En la actualidad es considerado el protector de las altas Ciencias Esotéricas, a través de la Llama Violeta, que transforma el odio en bondad, además de expandir la Conciencia y la Espiritualidad. Algunas personas decían que él tenía 500 años de edad, y que podría haber sido José, el padre de Jesús, Cristóbal Colón, Francis Bacon, Shakespeare y hasta el mago Merlín. Pero eso no es verdad. El simplemente jugaba con las palabras, afirmando con mucha precisión sus vidas pasadas. ¿Qué representa él? Ante todo la verdad, la Llama Violeta (transformaciones) es la valorización del ser humano: de lo que es (Yo soy paz, luz, bondad y amor) y de lo que tiene (materialismo). Los elementos del agua, citados en esta oración, son representados por las Ondinas, seres especiales que nos ayudan a resolver las dificultades amorosas (generalmente representados como sirenas). En Brasil tenemos a Yemanya, una orixa del mar y a Hochum, la diosa del amor que vive en las cataratas, éstas son representaciones dévicas – ángeles)

Amada Presencia divina en mi pulsante corazón. Fuente de mi vida, en vuestro santo nombre, con vuestro amor, sabiduría, fuerza y autoridad, invoco al amado maestro ascendido Saint Germain.

Deja fluir y flamear ahora y siempre el creciente mar de la Llama Violeta del amor libertador en mí, a mi alrededor, en todo mi ser y en mi mundo, principalmente a través de mi cuerpo emocional.

Deja que la Llama Sagrada del Fuego Violeta debilite y haga caer todas las cuñas negras de sustancias pesadas, y las transforme en esencia luminosa, cambiándolas por la sustancia pura de la Luz y por los sentimientos de mi propio ser divino, ahora y siempre.

Deja que mi Sagrado Cristo interior asuma inmediatamente el completo y eterno control de mi ser y de mi mundo y deja que viva en mí y a través de mí. Todo el que suplica por mí también suplica por toda la humanidad y, principalmente, para los elementos de agua, que son siervos obedientes y amigos sinceros desde hace siglos.

Conserva el elemento agua siempre puro y libre de todo lo que nunca fue propósito divino.

Acepto todo eso realizado instantáneamente con todo el poder de la Divinidad.

ORACIÓN AL CRISTO SAGRADO INTERIOR DE OTRO HERMANO

(En esta oración, coloque en el lugar de la línea punteada el nombre de la persona específica a la que se dirige la súplica, pero si no la hay, use las palabras, "mi compañero" o "mi compañera". Esta oración hace que su alma gemela, evolucione, si se encuentra en un estadio inferior)

Amada Presencia de Dios en mí y amada Presencia de Dios en ___Francisco___

Yo te bendigo.
Yo te bendigo.
Yo te bendigo.

Y sé que tienes la capacidad de transformar todo lo negativo en positivo.

En vuestro nombre me dirijo al Cristo Interior en ___Francisco___ y le hablo directamente:

Te alabo y reconozco que eres un perfecto hijo de Dios, generoso, noble, justo, inteligente y amoroso; que eres la verdad, la armonía y la paz, y que no quieres que vuestro Yo inferior se conduzca de ninguna forma contraria al concepto inmaculado.

Te amo y te agradezco, porque sé que estás poniendo en orden vuestro templo.

ORACIÓN POR EL COMPAÑERO PERFECTO

Yo soy un(a) hijo(a) de Dios puro(a), divino(a) y perfecto(a), porque fui creado(a) a su imagen y semejanza. Ninguna otra persona tiene exactamente las mismas cualidades que poseo, a pesar de que todos tenemos un denominador común, Dios, esa Llama Divina dentro de cada uno de nosotros.

En este mismo instante hay una persona que anhela internamente ser mi compañero(a) de toda la vida, y que sabrá apreciar lo que soy y lo que deseo expresar. La ley del Bien Absoluto está atrayendo hacia mí esa persona.

El Espíritu de Dios es la suprema atracción del Universo. Yo soy parte integrante de ese espíritu en manifestación y en esencia de esa suprema atracción. En mi deseo de tener un(a) compañero(a) no existe egoísmo alguno de mi parte, ya que en mi conciencia sólo existe el amor de Dios, que no conoce egoísmo.

Ayúdame, Padre, a comprender que de la misma manera que estoy anhelando tener ese(a) compañero(a) también él o ella esté ansiando su compañero(a) perfecto(a).

Prepárame para la llegada de mi compañero(a) porque mi palabra pone en movimiento la ley inmutable del amor divino.

Ayúdame, te lo suplico, a dejar de lado cualquier sentimiento de soledad que llegue a mí, y a ver, con fe y esperanza, que harás llegar a mí las amistades perfectas en el momento preciso.

Hazme tener siempre presente que, para conseguir amigos, antes que nada tengo que ser un(a) amigo(a), y que para que me amen, tengo que amar.

Desde ahora en adelante te prometo cumplir mi parte. Abro mi mente y mi corazón, y me preparo para recibir con los brazos abiertos la llegada de mi compañero(a), si esa es vuestra voluntad.

Te agradezco, amado Padre, por las muchas evidencias y manifestaciones de vuestro infalible amor y compañerismo, que siempre me consuelan y sustentan, y me hacen comprender que nunca estoy solo.

¡Que así sea!

ORACIÓN DE PROTECCIÓN POR LAS RELACIONES O EL MATRIMONIO

(El círculo es una de las mayores defensas del Universo, pues en el momento de la oración una cualidad angelical llena el espacio protector, limpiando los miasmas negativos del espacio o pensamiento).

(Para mayor efecto rezar 3 veces esta oración)

Yo soy un círculo mágico de protección a mi alrededor, que es invencible. Repele todo elemento perturbador y todo peligro que trate de entrar para perjudicarme. Yo soy la perfección en mi mundo, y está auto-sustentada.

Yo y mi compañero(a) tenemos fe en el Todo Poderoso.
Somos un círculo repleto de la Llama de la Paz.
Somos la Paz.

En este momento lleno este círculo con las llamas de curación, con salud y vitalidad plenamente manifestadas. Amén.

ORACIÓN POR EL PERDÓN DIVINO

Con todo el poder de la Presencia de Dios y del rayo de amor eterno.

Yo PERDONO, PERDONO, PERDONO, a cada persona, lugar, condición o cosa que me haga mal, de cualquier modo, en cualquier momento, por cualquier razón, y ahora cubro con AMOR todas las deudas que tengo en la Vida.

Yo invoco la LEY DEL PERDÓN para mí mismo y para toda la humanidad por el mal uso de la Energía Sagrada de Dios.

¡PERDÓNANOS! Y a medida que somos perdonados enviamos una dádiva de amor para equilibrar todas las deudas que hayamos contraído alguna vez en la vida y que aún están sin pagar.

Gracias a la LEY DEL PERDÓN por permitirnos amar la vida libre de la rueda del karma antes de que ella pueda manifestarse o ser sustentada por más tiempo.

Aceptamos esto por lo que nos es Sagrado. Amén.

INVOCACIÓN AL PRINCIPE HANIEL

(Esta oración tiene la finalidad de entrar en contacto y establecer un vínculo con Haniel, el Príncipe de los Principados, categoría en la cual los ángeles actúan como "Cupidos" para el encuentro de las almas gemelas)

Haniel, divino Elohin, que está lleno de gracia.
Trabaja para que la belleza de la tierra sea eterna,
Para que mis peticiones y mi verdad
Sean alcanzadas con gracia y dulzura.
Haz que en esta vida, todo lo que es necesario
Sea utilizado con sabiduría, modestia y humildad.
Hazme noble de carácter
Al hablar, trabajar y en toda mi extensión.

Príncipe Haniel,
Príncipe del amor, hazme optimista
Y ayúdame a sacar siempre provecho de lo positivo.
Hazme sentir seguro(a) para realizarme en el amor,
Con toda la fuerza de los ángeles y de los guardianes
divinos.
Príncipe Haniel, por amor te saludo.
Que este amor resplandezca y brille,
En mi ser, en mi hogar, en todas las ocasiones y detalles;
Que triunfe ante los obstáculos.
Que vuestro gran Rayo de Amor me ilumine como un
diamante
Y me bendiga en todos los segundos de mi existencia,
Amén.

SALMOS

(Los Salmos son oraciones de origen Hebreo-judaico.
Los que aquí seleccionamos están destinados a facilitar el
encuentro de su compañero o compañera. Al frente de cada
uno usted encontrará para que son eficientes)

(Para contactar al Príncipe Haniel, guardián de las almas
gemelas, pueden utilizarse cualquiera de los siguientes
salmos: 7, 101, 102, 103, 118 O 144)

SALMO 1	Para iniciar una vida nueva, después de un rompimiento.
SALMO 4	Protege contra el sentimiento de abandono.
SALMO 12	Ayuda a redimir los procesos kármicos.
SALMO 14	Para la estabilidad y la paciencia en el matrimonio.
SALMO 16 ó 92	Da fuerzas para abandonar una relación del pasado.
SALMO 21	Para la paz entre esposos.
SALMO 36	Elimina los pensamientos nostálgicos.

SALMO 44	Deshace los sentimientos de inconformidad por la falta de oportunidad en el amor: hace olvidar amarguras del pasado y elimina las acumulaciones kármicas.
SALMO 47	Resalta el magnetismo personal.
SALMO 48	Favorece a las personas que están dispuestas a abandonar una relación opresiva.
SALMO 59	Ayuda a enfrentar grandes desafíos en la vida sentimental.
SALMO 63	Ayuda a descubrir los argumentos falsos y acusadores usados contra la armonía del matrimonio; protege contra las separaciones injustas.
SALMO 67	Favorece las grandes decisiones, como el matrimonio.
SALMO 88	Fortalece a los que están terminando una relación amorosa conflictiva.
SALMO 97 ó 114	Actúa en la felicidad conyugal
SALMO 108	Domina la paz y protege contra el matrimonio infeliz.
SALMO 109	Favorece la amistad verdadera, sin interés financiero.
SALMO 112	Protege contra el aislamiento.
SALMO 140, 143 ó 127	Ayuda a la capacidad de percibir el genio contrario y a evitar el mal.
SALMO 129 ó 141	Arrepentimiento y perdón.
SALMO 132	Enseña a tener amor fraternal para que se unan y vivan en conjunto; ayuda a conseguir nuevas amistades y a vivir en paz con todos.
SALMO 137	Concede fuerzas, realización afectiva y satisfacción; Proporciona la expansión de los ángeles en el hogar.

CAPITULO
12

Cuidado
con los engaños

está claro que lo bello atrae mucho más que lo simplemente común o que lo feo. Después de una cierta edad, poco después de la pubertad, los jóvenes se visten y actúan de cierta forma para atraer a las personas del sexo opuesto, y así mismo se sienten atraídos por los que se embellecen más.

Eso es natural, y dentro de ciertos limites es muy bueno. No obstante, usted puede perjudicar o retrasar el encuentro de su alma gemela, si sólo busca personas bonitas exteriormente, con un buen cuerpo, procurando el ideal físico de la belleza.

Buscar un príncipe encantado no puede ser su único parámetro para encontrar el alma gemela. El criterio se resumirá siempre a descubrir si usted es una princesa que llena los requisitos de aquel "príncipe".

El alma gemela no ve diferencias de edad, defectos físicos o distinciones raciales, sociales o económicas. La atracción sólo por lo bello, por el sexo, puede llevar a que algunas parejas se casen tan sólo para saciar sus anhelos superficiales.

En verdad, lo único que redime así es un alma kármica, y con mucha seguridad las consecuencias serán la infidelidad y la separación.

Observe lo común que es que el segundo matrimonio sea más feliz y duradero. Existen varias razones para que sea así, pero la principal es que, quien ya pasó por una unión basada en la belleza o en el deseo físico, usará otros criterios mejores para encontrar a su compañero(a) ideal.

Las experiencias anteriores y todos los conflictos pasados servirán para mostrar que la base para una unión duradera es la armonía natural de dos almas gemelas. Esto no significa, absolutamente, que usted no pueda encontrarla en su primera relación. Basta que usted no se deje llevar únicamente por el aspecto físico, y considere mucho más importantes aquellos valores permanentes, como la belleza interior, la honestidad de principios, la fidelidad, el respeto, el amor, las verdaderas afinidades, etc.

Estos valores están arraigados en la persona, no dejan de existir con el transcurso de los años. Por el contrario, la madurez fortalecerá las buenas raíces, volviéndose aún más sólidas y capaces de transmitir a sus descendientes los frutos del buen árbol.

CAPITULO
13

Cupido,
Eros y Psique

Las personas de la década del 90 están muy fascinadas por los mitos, sólo que no parecen darse cuenta de ello, o por lo menos ignoran de manera consciente que éstos existieron y que nos han influenciado desde hace siglos. Estos mitos surgieron hace mucho tiempo, algunos hace 4000 años. Los personajes de la mitología grecorromana vienen encantando a la humanidad desde hace siglos, y aparecen hoy día, con mucha frecuencia, en las campañas publicitarias que dictan la moda y cautivan al público, porque activan la energía de las personas.

Uno de los mitos más destacados en este fin de milenio es el de Eros, el Dios del amor, conocido en Roma como Cupido. En Alejandría era representado por la figura de un niño alado, con una flecha que encendía los corazones. Actualmente, siempre está presente, representando las escenas de amor, desde el primer encuentro hasta el más grande final.

La historia de Eros está ligada a la de Psique, como nos cuenta Apuleio en su obra Metamorfosis.

Psique (el alma) era una de las tres hijas de un rey, todas bellísimas y capaces de despertar tanta admiración; que muchos venían de lejos sólo para verlas. Blancos de tanta atención, las dos hermanas de Psique se casaron. Ella, no obstante, siendo la más bella de las tres, y de ser extremadamente graciosa, no conseguía un esposo, pues todos le temían a tan grande belleza.

Desorientados, los padres de Psique buscaron ayuda a través de un oráculo, éste les dijo que la vistieran con las ropas destinadas a su matrimonio, y la llevarán a lo alto de un peñasco, donde un horrible monstruo iría a buscarla.

No obstante sentir pesar por el destino de su hija, los padres de Psique siguieron las instrucciones recibidas, la llevaron a lo alto de una montaña, y la dejaron allí. Poco después, comenzó a soplar un fuerte viento, y Psique fue transportada por el aire, siendo depositada, después de algún tiempo, en el fondo de un valle. Exhausta, se quedó dormida profundamente. Cuando despertó se encontraba frente a un palacio de oro y mármol. Entró, y se quedó maravillada con todo lo que veía. Las puertas se abrían ante ella y unas voces le susurraban todo lo que quería y necesitaba saber, estas voces resultaron ser esclavas que estaban allí para servirle. Al anochecer, Psique sintió una presencia junto a ella, que sólo podía ser, y era, el esposo del que había hablado el oráculo. Él le explicó quién era, pero le advirtió que jamás podía verlo, porque eso significaría perderlo para siempre.

Así comenzó a transcurrir la vida de Psique. Se quedaba sola durante el día, escuchando las voces que le servían; en la noche tenía la compañía de su esposo, que se comportaba de manera tierna y cariñosa. Era feliz, muy feliz.

Después de algún tiempo, a pesar de toda su felicidad, Psique comenzó a extrañar su país y a su familia. Le pidió permiso a su esposo para ir a visitarlos, persistiendo en su intento a pesar de las advertencias de que ese viaje podría traerle pésimas consecuencias. Vencido por las súplicas de psique, el esposo estuvo de acuerdo en que fuera a visitar a la familia, y el mismo viento que la transportó hasta aquí la llevó de regreso a la casa de sus padres.

Llevó consigo valiosísimos regalos, y fue recibida con enorme alegría por todos. Sus hermanas también fueron a verla, y constataron con gran envidia lo muy feliz que ella era. Psique les contó que todavía no había tenido la oportunidad de ver a su esposo y de las advertencias que él le hizo si ella intentaba verlo. Celosas, las dos hermanas convencieron a Psique de que ella debería verlo para completar su felicidad. Siguiendo la idea que sus hermanas le habían sugerido, una noche, después de haber regresado al palacio, y con su esposo durmiendo a su lado, encendió una luz para verlo, y se quedó maravillada con el adolescente que allí estaba, era tan bello como ella. Enternecida y conmovida con la agradable sorpresa, Psique olvidó que tenía una linterna en la mano, y una gota de aceite caliente cayó en la mano de Eros, el Amor. Pues este era el monstruo del que hablaba el oráculo. Se despertó con el calor del aceite y, cumpliendo con las amenazas que hiciera, se fue para nunca más volver.

Eros era el dios del amor, nació en el mismo momento que la tierra, se generó a partir del caos primitivo, convirtiéndose en una de las fuerzas fundamentales del mundo. Otras versiones dicen que Eros es hijo de Hérmes y Afrodita, esta es la descripción que encontramos en la obra de Platón "El Banquete". Afrodita, madre de Eros, es representada ahora como Afrodita Urania, diosa de los amores etéreos o como Afrodita Pandemia, diosa del deseo brutal. Eros, a su vez, es representado como un niño o como un adolescente desnudo, con los ojos vendados, siempre acompañado de sus flechas, utilizadas para alcanzar los corazones de los seres humanos, encendiéndolos y burlándose de las consecuencias de sus ataques. Eros asegura no sólo la continuidad de las especies, sino también la cohesión interna del Cosmos, representando el centro unificador.

Abandonada por Eros, el Amor, Psique, el Alma, se sintió sola e infeliz, comenzó a vagar por el mundo, perseguida por Afrodita, que envidiaba su belleza. Nadie se atrevía a cogerla, y Afrodita terminó por apresarla, y la encargó de tareas penosas y peligrosas.

En una de esas misiones, Psique tuvo que descender a los infiernos y robarle a Perséfone un frasco lleno de agua recogida de la fuente de la eterna juventud. Las instrucciones eran claras: Psique debía traer el frasco intacto, sin abrirlo. Pero ella desobedeció y lo abrió, cayendo de inmediato en un sueño profundo.

Mientras eso sucedía, Eros, el Amor, estaba desesperado, porque no lograba olvidar a Psique. Después de algún tiempo de buscarla la encontró en ese estado, y para despertarla tuvo que usar la punta de una de sus flechas.

Enseguida, Eros regresó al Olimpo y le solicitó permiso a Zeus para casarse con la mortal Psique. Zeus aprobó el matrimonio, y le ordenó a Afrodita que se reconciliara con psique.

Después de ser unidos por el amor divinizado, Eros Y Psique, es decir, el Amor y el Alma, no tuvieron más presencia física, aunque permanecieron juntos para toda la eternidad.

CAPITULO
14

El
corazón

el corazón también, desde hace mucho tiempo, ha sido identificado como el centro de nuestras emociones. Varias son las razones presentadas por los estudiosos y poetas para que así sea.

Tal vez porque el corazón es el órgano principal del cuerpo humano, pues la muerte física se da cuando él deja de palpitar.

¿Qué sucede cuando sufrimos una emoción fuerte? Nuestro corazón comienza a latir más aprisa, como si acompañara en ritmo físico nuestra carga emocional.

Si recibimos un susto, parece como si nuestro corazón se "parara". Si queremos gesticular de lejos que alguien nos gusta, o que lo amamos, acostumbramos a "arrojar nuestro corazón" hacia esa persona.

En una ocasión leí en una revista que la expresión "corazón partido" puede ser entendida al pie de la letra, pues una emoción extremadamente fuerte puede hacer que el corazón aumente su latido originando que el músculo cardíaco, sometido a tremendo esfuerzo, en verdad se parta.

El corazón es y siempre ha sido el representante más común y al mismo tiempo más poético de la emoción humana positiva.

Sólo como comparación, las emociones negativas normalmente son vinculadas con el hígado. Por eso es que usamos la expresión "Enemigo profundo".

La palabra corazón viene del griego Kardia, la cual se deriva de la raíz Indoeuropea Krd o Kered.

Cor, en Latín, es una derivación de cordial y coraje, por ejemplo. El coraje en movimiento es una frase que explica bien lo que significa usar el corazón. No usarlo significa quedarse sin movimiento y sin dirección.

Dentro de los estudios Tántricos, cuando su Llama Trina del corazón está consagrada a encontrar la Llama trina de su compañero(a), o sea, que cuando está por suceder la unión etérica entre lo femenino y lo masculino, se despierta en el Chakra cardíaco una enorme voluntad por ayudar a las personas, al mismo tiempo se despierta la sensibilidad para con el sufrimiento ajeno.

En el Antiguo Testamento la palabra corazón (lev) aparece unas 1024 veces, como sed de sentimientos.

En el Cristianismo el corazón es el lugar donde Dios-Cristo imprime sus mandamientos, o sea, su carácter y toda su estructura. Es muy común que veamos una representación de Jesucristo mostrando su corazón con un fuego en la parte superior. Ese fuego es justamente la Llama Trina, expandida y ardiente en su corazón.

CAPITULO
15

La
mirada

C uando por fin encontramos nuestra alma gemela, sucede algo mágico. Ese encuentro es detectado, en primer lugar, por los ojos.

La mayoría de parejas que conozco, y que hoy son ejemplos del encuentro Ying-yang, dicen que la mirada fue un factor determinante para tener la seguridad de que aquella relación sería cierta.

Eso me sucedió cuando conocí a Urbano. Cuando nos vimos por primera vez, él tenía en su rostro una mirada no sólo pícara sino también paternal. Sentí un "frío en el estómago", una inmensa alegría por poder quedarme a su lado, y unos grandes deseos de conversar sobre todo.

Yo era una simple profesora de tarot, inexperta y joven, y estaba conversando con un hombre vivido y maduro, que trabajaba en Comercio Exterior. Vivíamos en mundos totalmente diferentes. Dada mi emoción, quería a toda costa mantener su atención en el círculo de amigos, y comencé a hablar sobre todo lo que se me venía a la cabeza: regresión, cristales, runas, orixas, etc.

Para mi satisfacción y felicidad, sentía que él quería satisfacer su curiosidad, y que mis temas lo mantenían atento.

Durante ese primer contacto sentí que había encontrado a la primera persona que realmente se interesaba en mi trabajo.

Algunos amigos ya conocían mi actividad, y yo había iniciado mi actuación en la televisión hacia pocos días, pero aquello era diferente. El me escuchaba de verdad, con respeto y cariño. Estaba allí, prestándome un 100% de atención. Hablé incluso de mis deseos de ser escritora, en una época en la que el esoterismo no era un tema tan difundido. Mi corazón estaba completamente abierto, a pesar de que algunos amigos de la escuela me habían dicho que mi camino sería solitario, como el de un ermitaño que quisiese alcanzar el Santo Grial, el conocimiento pleno, y esa posibilidad de permanecer sola me ponía muy triste. Al fin y al cabo, yo tenía 24 años, y como toda joven, quería amar y sentirme amada, quería estar enamorada.

Su mirada me era familiar, todo él me daba tranquilidad, como si ya nos conociéramos de hace tiempo. Sentía que podía hablar tal y como era, muy sencilla, como lo soy hoy. No sentía ninguna vergüenza ni inhibición.

En esa ocasión en que nos encontramos por primera vez estabamos participando de un taller sobre tantra y otros temas. Las personas fantaseaban mucho sobre la certeza del alma gemela, imaginando que, al encontrarla, veríamos estrellas, o por lo menos una luminosidad sobre los hombros del compañero o compañera. Yo no pude ver nada, y no había nada sobre los hombros de Urbano. Además, no tenía tiempo para ver sobre sus hombros, pues estaba muy ocupada mirando sus ojos.

Los ojos son el espejo del alma. La familiaridad que sentí viendo a Urbano por primera vez sucedió como si un mensaje hubiese sido enviado desde mi cerebro hacia mis ojos: "Él es la felicidad".

Actuaban el inconsciente, responsable de los sueños y el subconsciente, que nos trae recuerdos de vidas pasadas.

Nunca más nos separamos, aunque hayamos recorrido un camino largo y áspero hasta quedar juntos definitivamente.

Tenga la absoluta seguridad de que, si su primer encuentro es acompañado de suspiros, esa es una buena señal. Al inhalar usted está llamando a Dios, y al exhalar está eliminando el genio contrario. Incluso existe un ejercicio en Yoga que consiste justamente en inhalar y exhalar.

¿Qué sucede con usted en el momento exacto cuando llega el amor? Los científicos descubrieron que hay una relación química del amor, un éxtasis que deja más felices a los enamorados. Sucede cuando se miran, hablan o se tocan. Las sustancias químicas llamadas Dopamina y Noradrenalina llegan al cerebro, creando esa sensación de bienestar.

Así como las anfetaminas, ellas modifican la percepción sensorial de las personas. Todo se vuelve óptimo, maravilloso, desaparecen los dolores ¡y no sentimos hambre cuando estamos enamorados! Lastima que estas sustancias, aunque ayudan poderosamente, tienen una acción corta, pues sus efectos duran pocos minutos.

Después de algunos años el cerebro crea resistencia a ellas, demorándose más para producirlas e incluso dejando de hacerlo. ¿Qué sucede entonces? El cerebro necesita de una mayor cantidad de emoción para iniciar aquella agradable sensación.

Cuando las cosas van mal, o las parejas comienzan a perder interés el uno por el otro, también puede ser porque están pasando por problemas físicos que alteran la química corporal. En realidad puede estar faltando un nuevo estímulo, suficiente para iniciar el proceso.

¿Será que esto podría explicar la crisis de los 7 años? ¿O por qué una segunda luna de miel es más interesante que la primera?

Nuevamente le corresponde a la mujer dar una mano para resolver el problema, pues los hombres son más sensibles a los estímulos visuales para producir esas sustancias. A veces una prenda íntima bien sensual causa más efecto que una terapia de pareja.

¿Sabía usted que las estructuras nerviosas de los ojos son muy parecidas a las estructuras del cerebro? ¿Y qué los ojos nunca se quedan quietos, así estemos durmiendo? Los ojos siempre están activos, buscando lo que más les agrada y que transmita un alto grado de emoción.

Por eso es posible saber cuando el amor de una pareja está terminando –ya no les es fácil mirarse a los ojos– y evitan mirar al compañero o compañera.

Tenga presente ese detalle y siempre busque los ojos de su compañero(a). Si le mantiene la mirada, como siempre lo hace, todo está bien. Si, al contrario, desvía la mirada, procure saber lo que le está sucediendo, pues algo no anda bien.

CAPITULO
16

El
beso

he dicho, con cierta frecuencia, que todo fluye en la naturaleza, todo se modifica permanentemente, incluso y principalmente el propio comportamiento humano.

Hasta hace pocos años la esposa que permitiese que su deseo sexual se manifestara se arriesgaba a ser llamada con términos vulgares y a crear mala fama. A los hombres, y sólo a ellos, se les permitía las aventuras y las conquistas amorosas. Así mismo, la iniciativa del romance siempre debería recaer sobre el componente masculino de la pareja. Si la joven dejaba que se notara su interés, difícilmente sería considerada una joven "seria", y corría el riesgo de sólo encontrar pretendientes interesados en conocerla para mantener una relación pasajera.

Felizmente todo eso ha venido siendo modificado a lo largo del tiempo, para bien, creando mejores facilidades para que todos, sin excepción, pudiesen expresar sus sentimientos y buscar su mejor camino.

Ese cambio propició, en consecuencia, una gran mejoría en las relaciones de la pareja, con la mujer pasando a tener myor libertad para demostrar su amor a su enamorado, novio o esposo, y liberándose en el romance y en el sexo.

En la práctica del acto sexual una de las mejores demostraciones de cariño es, con seguridad, el beso. No el beso de un amigo, sino el beso erótico, el llamado "Beso Francés".

Entre más frecuentemente se bese la pareja, más se consolida y se demuestra el amor.

En una encuesta realizada por el escritor Moacir Costa, se verificó que el 70% de las parejas no estaban satisfechas con sus matrimonios. Y en todos los cuestionarios (respondidos durante 6 años, por 56 parejas), Costa encontró un punto en común, una especie de termómetro que informaba en qué nivel estaba el amor de las parejas. Ese termómetro era el beso. Se notó que cuando la relación iba mal, la pareja ya no se besaba. Eran frecuentes las situaciones en que la pareja practicaba el sexo, pero sin besarse.

Según el autor del libro "Secretos Sexuales", Nick Douglas, "el acto de besar confiere mayor protección psíquica". Sabemos, a través de la psicología, que los hijos que no son besados por sus padres en la infancia serán, más tarde, personas agresivas y con tendencia a permanecer aislados. El autor continúa: "El beso es más importante que el acto sexual en sí". Esa afirmación es confirmada por otras encuestas, que indican que muchas mujeres consideraban al beso apasionado más erótico que la propia penetración en el acto sexual.

Un beso apasionado crea un cambio mayor de energías. Tanto es así que en las terapias de pareja también ha sido constatado que el beso tiene alto valor curativo para los problemas que se afrontan. Siempre que sea posible, bese a su compañero(a). No hay divergencia ni discusión que perdure después de un abrazo, un beso y un "Te amo".

Además, podemos terminar con una información curiosa. El beso, más allá de todos los beneficios espirituales y eróticos, también sirve para adelgazar, según dice Richard Smith en su libro "Adelgazar haciendo el Amor", un beso común representa 10 calorías menos. Un beso fuerte y prolongado llega a quemar 17 calorías.

Por lo tanto, ¡labios a la obra y besémonos a voluntad!

CAPITULO
17

El
abrazo

Ya mencioné anteriormente que Helena Blavatsky se imagina al infierno como un lugar frío, y no caliente, como generalmente se cree. La razón de ese frío, según ella, es principalmente la falta de calor humano, la ausencia de amor en las personas que no se interesan unas por otras. También he dicho que, para que las personas se sientan amadas y queridas, es necesario que demostremos nuestros sentimientos hacia ellas, a través de gestos y palabras.

Besamos a quien amamos, y principalmente abrazamos a quienes nos son queridos. Cómo es de agradable recibir en nuestros brazos a los seres que queremos. Ya lo dije antes, en este libro, y lo repito, porque es muy importante, un caluroso abrazo es una manifestación angelical.

En uno de mis programas de televisión llegué a divulgar la importancia de los abrazos:

- Cuatro abrazos por día son necesarios para sobrevivir.
- Ocho abrazos por día son importantes para mantener la salud.
- Doce abrazos por día nos hacen progresar.

No se puede tener ningún falso pudor al abrazar a otra persona, pues el abrazo real será aquel en el que las dos Llamas Trinas (de quien abraza y de quien es abrazado) se juntan y vibran juntas. Recordemos que es en el Chakra cardíaco donde vibra la energía de las almas gemelas. Juntando las dos, tenemos una fuerte onda energética que beneficiará a todos.

Al levantarse por la mañana o al llegar a casa, al final del día, tenga un fuerte abrazo en su "fórmula" de saludar a sus familiares. Abrace fuertemente a su padre, a su madre, a sus hermanos, a todos lo que estén en la casa. Usted verá que, al poco tiempo, el amor, la familiaridad y la intimidad entre ustedes irá mejorando progresivamente y se volverá más agradable, más natural.

Si tiene dificultad para tocar a otras personas, y eso es más común de lo que generalmente se imagina, comience lentamente. En el primer día experimente sólo colocando su mano izquierda, suavemente, a un costado de la persona, y con la mano derecha salúdela. En el segundo día ese gesto será más fácil, y usted podrá acercarse un poco más. Y así paulatinamente, usted llegará a un agradable abrazo completo, de aquellos en que ambos se aprietan y hasta se balancean juntos, con la alegría del que ama y se siente amado.

El beso, entonces, será también más sincero y más natural, sin limitarse a aquel besito burocrático que estamos acostumbrados a ver, y que muchas veces no pasa de ser un roce de caras mucho menos sincero que un apretón de manos.

Al encontrarse con un amigo abrácelo también. Con seguridad, él podrá sentir la sinceridad de su amistad y su amor por él.

Coloque el alma en su abrazo.

Usted verá que el propio ambiente que lo rodea se volverá mejor, más amoroso, más cordial. Y su vida será, por consiguiente, mucho más armoniosa.

CAPITULO
18

El
sexo

a sexualidad no puede ser la única motivación para vivir. Existen otros sentimientos y otros principios, más perennes, que deben anteponerse a la aparición de la atracción sexual. Recuerde lo que dije anteriormente que era la atracción de las almas gemelas, cuando es real y verdadera, se inicia a través de la vibración del Chakra cardíaco.

No obstante, no se puede olvidar que la atracción amorosa evoluciona y, en su camino natural avanza hacia la consumación del amor por medio del sexo.

Por eso también es importante saber lo que sucede a ese nivel.

El Kundalini, la energía del sexo, representado por una serpiente que da tres vueltas y media, está localizado en el Chakra sexual, y activa de forma positiva las energías que pasan por este centro, transformándolas, para los centros o Chakras superiores, en una forma positiva de felicidad.

O sea, que el sexo también debe reflejarse en felicidad, para obtener el éxtasis espiritual.

Si usted, al practicar el sexo, no siente nada especial, es porque no hubo ninguna liberación kármica, al contrario, como ya dije en otra parte de este libro, el hombre, en su forma activa "yang", libera solamente karmas negativos hacia la mujer, en cada eyaculación. Cuando el sexo es hecho sin amor, sin un beso, de forma puramente instintiva, esta energía se transforma en violencia, tanto exterior como interior.

Los textos orientales afirman que el sexo de ese tipo es una forma de castigo y venganza. En los textos orientales, quien reina en este chakra es Shiva, con una representación aterradora, con los dientes salidos y el pecho manchado de sangre. Shiva, como usted sabe, es la diosa que está presente en los campos de batalla en las guerras de la humanidad.

Durante el acto sexual actúan emanaciones que no vemos, llamadas efluvios, las cuales se mezclan, formando un vórtice de energía.

Si la naturaleza de esta unión es el amor, este vórtice de energía se traslada hacia los chakras, a través de la columna vertebral y alcanzando el cerebro, la inteligencia –el plano superior– Dios.

Si la relación se basa sólo en el placer físico, este vórtice de energía toma el camino inverso, quedándose retenido en el Chakra instintivo.

El cuarto Chakra, al nivel del corazón, es llamado de La Vida Nueva o No Tocado, pues en este chakra es donde escuchamos la voz que sale del corazón.

El sexo puede devolver un problema, cuando es mal canalizado. Parece que actualmente todo está concentrado en el poder de la seducción y el sexo, esto acaba por vulgarizar y trivializar lo que debería ser siempre la demostración del verdadero amor.

En el Oriente es diferente. Lo que importa es practicar el sexo, apenas; igualmente o más importante es el tiempo que a él se le dedica. El acto sexual, entre los orientales, es prolongado y está lleno de misterios y magia.

Todos ya deben haber oído de la existencia de un libro llamado el Kama Sutra que, de forma general, se cree que enseña diversas posiciones en las que el acto sexual puede ser practicado. Ese libro es de origen hindú, y si bien muchos saben de su existencia, pocos logran comprender la importancia que éste tiene en el ámbito religioso de la India.

El Kama Sutra es considerado por los hindúes, un libro religioso, tanto que recientemente hubo una polémica muy grande en torno a la realización de una película retratando esa obra. No importó que esa película se haya realizado en la propia India.

Existe, también en la India, un templo en el que todas las figuras del libro están esculpidas en las paredes, y esa representación no es de forma alguna vulgarizada o vista maliciosamente. Son objeto de adoración religiosa.

En el Occidente es completamente diferente. El acto sexual es raramente visto como algo más que una actividad física destinada a la satisfacción del instinto animal del ser humano. Es vulgarizado y es objeto de bromas obscenas, infortunadamente. Una de las consecuencias de la poca percepción sobre lo que representa el acto sexual está en el poco tiempo que se toman los occidentales para realizarlo. Tenemos informaciones de que los americanos se demoran apenas 8 minutos, los ingleses se demoran todavía menos: 3 minutos son suficientes para hacer el amor.

La fama de buenos amantes se la llevan los africanos y los hindúes que le dedican 45 minutos al acto sexual.

Necesitamos espiritualizar el sexo, para que disfrutemos plenamente sus beneficios. Espiritualizar el sexo es algo fácil, si eso queremos. Se puede comenzar con diálogo entre el hombre y la mujer. Que cada uno diga, con simplicidad, lo que espera del otro. Díganse palabras cariñosas, expresen su deseo de unirse íntimamente a su amado(a). Bésense, acaríciense. Creen el clima apropiado para la intimidad física, psíquica, emocional y espiritual.

El Tantra enseña que la mujer debe sentir deseo lo mismo que el hombre, y no considera a la mujer que tiene orgasmos como "mujer de la vida", al contrario de lo que sucede con algunos puritanos occidentales.

El sexo es un medio que tienen el hombre y la mujer para llegar a Dios. ¿No está de acuerdo?

¿Ya vio alguna otra especie animal que haga el acto sexual cara a cara, permitiendo un contacto psíquico más fuerte? ¿O el recomienzo de su vida sexual después del parto? Los animales, después del goce inmediato, no procuran "conversar" sobre este contacto y mucho menos meditar.

Ya el ser humano le da al acto sexual otras dimensiones aparte de la procreación. Trata de volverlo una demostración de amor y afecto por el compañero(a) a veces transformándolo en una verdadera ceremonia de adoración, como hacen los tántricos.

Después del acto sexual, deje que la somnolencia se apodere de usted y de su compañero(a). La somnolencia, dentro de la filosofía Tántrica, indica la abertura del Tercer Ojo, señal de que el Kundalini logró alcanzar la superioridad de los chakras. Si siente somnolencia después de la satisfacción, la pareja debe dormir, pues durante el sueño el inconsciente se manifestará, y los intercambios de energías continuarán de manera sutil, en otro plano.

CAPITULO
19

¿Cómo distinguir un amor verdadero de uno pasajero?

¿Cómo saber si la persona con quien me estoy relacionando es mi pareja perfecta o ideal? El primer indicio lo da la mirada. Como dije anteriormente, el encuentro entre almas gemelas es muy intenso, sucede al mismo tiempo en el plano astral. La mirada los une entre sí, en el plano de la inteligencia, que es estar con Dios. La atracción sexual incluso termina por pasar a un segundo plano.

Otro criterio muy importante es el de la no posesividad. Pretender poseer, considerarse dueño o querer tener el control sobre otra persona es imponer la propia presencia y personalidad, forzar la naturaleza es el propio sentimiento, al mismo tiempo que se "ahoga" la personalidad del otro. Y a nadie se puede obligar a que nos ame.

Siempre oigo a alguien decir: "Me gusta una persona, quiero que ella me ame. Enséñeme una forma para que ella también me ame".

La respuesta que vengo dando a lo largo de los años es muy sencilla: "No se puede obligar a nadie a que nos ame".

Una relación amorosa sólo puede progresar y tener seguridad si está basada en el entendimiento mutuo y el respeto.

Amar y ser amado involu[...]
responsabilidad de volvernos a[...]
amados.

Otra certeza del encuentro de[...]
genuino. La persona no procur[...]
imagen que tiene en mente, sin[...]
procurando ayudarla a alcanz[...]
más elevada.

Aceptar al compañero(a) como es, siendo este el primer paso en esta larga caminata, lo(a) ayuda a mejorar su personalidad, lo eleva cultural y espiritualmente, esto sí es amar.

Otra cosa muy común que sucede en el inicio de las relaciones es el chantaje sentimental que una persona hace en relación con la otra, diciendo que sólo hará algo determinado si la otra persona dice hacer algo en cambio. La frase "haré esto si tú haces aquello" va contra la naturaleza del alma gemela.

Esto no va en armonía con el ideal del alma gemela. El alma gemela obra, no vive de reacciones. Está activa, viva. El principio de conducta de ambos difícilmente será modificado por influencias externas o ideales que otros o ellas mismas impusieran.

Igualmente deshonesto e injusto es tratar de mantener una "cuenta corriente" para controlar lo que uno hace en beneficio del otro. El alma gemela es generosa y no le importa dar más de lo que recibe. Eventualmente, con el pasar del tiempo, podrá lastimarse, pero cuando eso suceda, muy probablemente será un indicio de que el compañero(a), en realidad, no es su alma gemela, porque si lo fuera, se interesaría en usted, lo mismo que usted se interesa por el(la).

...a genuino, citado antes, es ofrecido sin que haya ... de por medio. Es lo que los filósofos llaman el amor ...teresado, o en otras palabras, el que no puede ser comercializado".

Podemos decir que el amor genuino es constante. Continúa al ser dado, no importa que lo que se reciba a cambio, sea todo lo contrario de lo que se esperaba.

La relación de las almas gemelas no conserva un registro de los errores ni lleva un archivo de las heridas. Además de eso, el verdadero amor da siempre el primer paso para la rápida reconciliación, aunque no sepa con certeza cuál va a ser la respuesta. Entre más rápido, mejor. El amor verdadero se basa en la fe, y no en el temor.

El amor es un amigo generoso y sincero. Nada de imprudencias o de promiscuidad. Esto forma parte del capítulo de Relaciones Kármicas.

Aunque el amor es incondicional, no es dado aleatoria, liviana ni ciegamente, el amor debe ser generoso y sincero.

El amor genuino es el amor justo. Como en la relación de una pareja, ese amor alcanza y va más allá del aspecto puramente físico. Este no es descartado, pero la unión va más allá de eso, alcanzando lo espiritual y también lo mental, volviéndose más intenso, rico y duradero.

El encuentro de almas gemelas rechaza cualquier distinción de raza, nacionalidad o credo, desde que haya un nivel básico de afinidad que garantice el inicio de la relación y su supervivencia.

Tomando como ejemplo: Brasil tiene muchas afinidades con algunos países europeos y con los Estados Unidos de América; por lo tanto no es improbable que una persona que viva en uno de esos países encuentre su alma gemela en otro de ese grupo. No obstante, sería muy difícil, o diría que casi imposible que un brasileño encontrase su alma gemela en un aborigen de Australia o en un tibetano. O en un hindú, como ya lo cité en este libro.

Sería muy difícil que existieran afinidades suficientes para que la relación progrese con éxito. Igualmente, es más fácil que una persona sincera que profese la religión Católica encuentre su alma gemela en una persona perteneciente a la religión Presbiteriana que en otra que sea sintoista. Es una cuestión de aproximación y grados de afinidad, sin duda alguna.

El amor de almas gemelas es puro y justo y no tiene edad, porque es independiente del aspecto puramente físico. La unión es mucho más elevada, alcanzando esferas espirituales y mentales intensas, ricas y duraderas.

En agosto de 1995, en Río de Janeiro, una pareja celebró su unión por medio del matrimonio. El y ella tenían, respectivamente, 92 y 84 años de edad. Se casaron con la presencia de 10 hijos, 33 nietos y 47 bisnietos.

Entre su primer encuentro y su matrimonio transcurrieron apenas tres meses, lindo, ¿ah?. El primer paso, si usted está solo(a), es ver a las personas tal y como son, y no como a usted le gustaría que fueran. Acepte a las personas sin prejuzgarlas. El amor que discrimina es conocido como amor individual y no fraternal, universal.

El amor de almas gemelas es inagotable, no disminuye a medida que avanza la relación, aumenta cada día más. No existe enamorado(a) amante o amado(a), mucho menos divisiones, desuniones o desilusiones. El amor de las almas gemelas subsiste en otros planos y en otras vidas.

Es eterno.

CAPITULO
20

Relaciones
kármicas

mi convicción, como pudieron percibir, es que todas las almas gemelas terminarán por encontrarse, completando el ser cósmico del cual fuimos originados. Con todo y eso, no hay manera de saber cuánto tiempo tomará, y tampoco de cómo se dará el proceso de encuentro. No existe forma de saber si el primer encuentro será el definitivo. Pueden existir, a lo largo de varias existencias, encuentros seguidos por separaciones, que con el tiempo llevarán a un nuevo reencuentro.

Con cierta frecuencia he observado que las personas que encontraron su alma gemela no tienen necesariamente la misma edad cronológica. Incluso pueden pertenecer a generaciones diferentes. Además, me atrevería a afirmar que, la mayoría de las almas gemelas, al encontrarse, están ligadas a cuerpos físicos de edades diferentes. ¿Tiene eso alguna influencia decisiva? No, no la tiene.

Lo que se necesita es activar las Llamas del Amor, colocarlas en su punto máximo de ardor, para que se concrete el encuentro. El alma no racionaliza, es parte integrante de nuestro inconsciente y de nuestro consciente, al mismo tiempo. El alma ama, se entrega, reconoce y pone en práctica lo que desea, no importa que durante un tiempo luchemos contra eso.

¿Nunca pasó por la situación de hacer algo y después decir, "no sé porque lo hice"? Usted puede no saberlo, pero su alma sí. Siempre debemos recordar que nuestra existencia no es sólo un acto aislado del destino. Estamos ligados permanentemente a una serie de eventos que no controlamos, pero que, juntos, componen lo que podríamos llamar la Corriente de la Vida.

Lo que pensábamos y hacíamos antes nos condujo a futuros pensamientos y actos. Lo que otros pensaban e hicieron influyeron en lo que pensábamos y hacíamos en el pasado, de la mima forma ejercerán influencia en lo que vamos a pensar y a hacer. No piense que sólo me estoy limitando a esta existencia. Es una cadena de acontecimientos mucho mayor de lo que inicialmente podemos pensar. Todo encaja, desde que fuimos creados. Dios, y sólo El, sabe cuándo, cómo y con qué propósito. Mi propio trabajo es un ejemplo de esa secuencia de eventos. Todo lo que pensé, estudié, hice y fui en el pasado, fueron eslabones de la misma cadena. Ya escribí sobre Orixas, Angelología, Salmos, varias religiones, y ahora estoy escribiendo sobre un tema que siempre fue muy apreciado e importante para mí: las almas gemelas, las dos mitades que pasan toda una existencia cósmica buscándose una a otra. Todas mis obras anteriores pueden ser identificadas como parte de una misión para la expansión de la conciencia espiritual, para que yo pudiera desarrollar con mayor destreza y conocimiento este fascinante tema. Por eso con mucha seguridad y alegría afirmo que todos encontrarán su alma gemela.

El camino será diferente para cada uno. Usted se estará preguntando, a esta altura, si su compañero o compañera es su alma gemela. La respuesta es que ninguna relación "funciona" de esta o de aquella manera. Si la relación no va bien es porque uno de los dos, o los dos, se están preocupando más por su propio ego, o por sí mismos que de la persona que tienen a su lado. O, diciendo lo mismo pero de forma diferente, ante la luz de los estudios angélicos, está o están bajo la influencia del genio contrario. Usted, que ha acompañado mi trabajo y ha leído mis libros, sabe que el genio contrario es un conjunto de fuerzas que vibra de forma inferior, perjudicando el curso suave y armónico de los acontecimientos. El genio contrario es el representante de la ilusión, de la codicia, de la avaricia y del egoísmo.

Otra pregunta que surge con bastante frecuencia es esta: ¿Por qué nadie se interesa en mí? O ¿Qué hay de malo en mí? Nunca consigo mantener una relación por mucho tiempo... Mi respuesta siempre ha sido la misma: dé gracias por eso, y siga adelante. No se apegue a ninguna relación kármica o dolorosa. Aproveche la experiencia y saque de ella lo que es bueno para usted. Entre más exigente sea la persona, más estará puliendo su alma para el encuentro con su verdadero(a) compañero(a). Lo que usted no puede hacer es confundir exigencia con frialdad.

En octubre de 1995 estuve en una conferencia en Bello Horizonte, allí constaté, para sorpresa mía, que por lo menos el 60% de las asistentes eran adolescentes, ávidas por entender los misterios del corazón. Traté de explicarles todo, les dije que deberían abrir el chakra cardíaco para la expansión y conscientización de la Llama Trina del Amor, utilizando expresiones simples como "Vaya con Dios", "Que los ángeles lo acompañen", y otras con el mismo sentido. Al final de la conferencia, cuando firmaba algunos autógrafos, todas, sin excepción, se despedían usando las palabras que yo les había recomendado. Le di gracias a una joven por lo que me había deseado, y quedamos igual de sorprendidas cuando ella me dijo que no tenía esa costumbre, y que se había expresado así sin darse cuenta, llevada por mis palabras. Y allí estaba yo, era una prueba inmediata de que la utilización de las expresiones recomendadas realmente si surtía efecto, pues yo misma me había conmovido. Imagínese la extensión del bien si ella adquiere el hábito de usar las palabras "mágicas" todos los días. Estará haciendo lo que todos debemos hacer, todo el tiempo: ALIMENTAR nuestras amistades! Nunca espere que ellas se mantengan por sí solas.Una ayudita siempre es necesaria, por más presente que esté su ángel de la guarda.

Los textos dicen que, al encontrar su alma gemela, esa manifestación se dará cuando una determinada situación desagradable o desgastante esté alcanzando el limite máximo de tolerancia. Esto podrá suceder por diferentes motivos. O él está sosteniendo una relación con otra persona, o tiene divergencias porque su nivel de conocimiento está muy por encima de él. Porque usted actúa más como compañera que como "amante ardiente", o por otras razones.

No se deje abatir por eso. Conversé con diferentes personas que estaban pasando por una situación como esa, cuestionaban la validez de todo lo que ocurría, pero ninguna de ellas se mostró entusiasmada con la "solución", aparentemente más indicada y más fácil, que sería simplemente acabar con esa relación problemática.En esas parejas existía la sensación de que estaban hechos el uno para el otro, y eso después de pasar por las pruebas de tolerancia que las circunstancias de la vida les habían impuesto, incluyendo situaciones que involucraban a los familiares. Todas sentían que, a pesar de todo, aún valía la pena intentarlo.

Para vivir bien se necesita de mucha tolerancia, de mucha comprensión y de poco juzgamiento. El arte de amar es también el arte del buen convivir. Sin tener una pelea diaria. Tampoco siempre es importante tener razón en una discusión cualquiera. Es muy útil saber hablar como saber callar. Pasar por dificultades en la relación, desde que ambos estén decididos a superarlas juntos, significa lograr la verdadera fusión de las almas gemelas, transformando una piedra bruta en un gran cristal mágico. La energía necesaria para esta transformación será generada por las vibraciones del amor, de la tolerancia, de la comprensión, de la paciencia y de la armonía. Desde que exista, claro está, la voluntad de alcanzar ese objetivo.

Existen algunos detalles que debemos observar cuando pretendamos lograr que una relación alcance un estadio armónico, donde todo parezca fluir naturalmente. Debemos, por ejemplo, tener conciencia de que, al notar las fallas de nuestro(a) compañero(a), estamos en verdad observando nuestros propios defectos. Y nada es más irritante, en otras personas, que nuestros propios malos hábitos. Si el otro es posesivo, nervioso, desligado, avaro, explosivo, etc, se debe discutir al respecto, para que esas fallas en la relación no se queden saturando el mundo material. Al intentar discutir eso temas podremos observar que muchos de esos hábitos también son practicados por nosotros. Si nos disgustamos porque alguien está hablando muy alto, observemos que nosotros también tenemos esa costumbre.

Obsérvese y procure corregirse a sí mismo antes de tratar de enmendar a los demás, es un gran paso para que las relaciones alcancen un mejor nivel, traspasando los límites de lo puramente material y llegando a ser un entendimiento astral.

Así mismo, en las parejas que estaban más entrelazadas y que disfrutaban de una relación óptima, pude notar que también existía, por parte de cada una, el deseo de gozar de un poco de privacidad, de tener tiempo para sí mismo. Esa necesidad de no ser sofocado por la relación es muy común, porque es prácticamente imposible que alguien se dedique sólo a mantener una relación, durante todo el tiempo. Todos tienen que conservar su propia individualidad, para bien suyo, de su compañero(a) y de la misma relación.

Si dos personas se sienten atraídas mutuamente es porque existen fuertes vínculos de unión entre ellas. Todas las características de una persona, es decir, su carácter, sus hábitos, su manera de pensar y de actuar, etc., son las que componen el cuadro total de atracción. Si en el transcurso de la relación una de ellas comienza a querer modificar a la otra, procurando adaptarla a lo que ella cree que es "mejor", provocará una de estas dos reacciones posibles: o la relación se acaba, porque la persona a quien se le exige que cambie reacciona negativamente y desiste, o acepta esas sugerencias o imposiciones y se va amoldando de acuerdo a lo que le exigen. El resultado no podría ser peor, pues la persona que creía que podría modificar a la otra termina teniendo por compañero(a) a un ser humano diferente de aquel que le atrajo en primera instancia. Y la relación acaba por deteriorarse, pues somos lo que somos, y no lo que quieren que seamos. Las verdaderas modificaciones sólo suceden de dentro para fuera, y nunca apenas en apariencia. Toda relación en donde se exige que uno de los dos cambie, termina, es sólo cuestión de tiempo. No importa que tome toda la vida. El tiempo será determinado por el volumen de paciencia de cada uno.

También es necesario que todos se ocupen en actividades propias, individuales, a su gusto. No se puede llevar una relación como si eso fuese todo en la vida. El tipo de "amor en una isla desierta" puede ser bueno durante algún tiempo, aún para el ego de la persona que no hace nada, a no ser que se dedique a su compañero o compañera. Sin embargo, no perdura, no tiene futuro. Uno de los dos se cansará muy rápidamente, y eso será el fin.

Para mí, cuando una mujer resuelve dejar su trabajo y todas las ventajas que este le ofrece, como ascenso social, posibilidad de seguir su carrera, mejores ingresos, etc., para dedicarse por completo a su matrimonio y a los hijos, está tomando una actitud noble y altruista, porque renuncia a lo que quiere, por aquello que juzga ser su mejor opción. No obstante, las consecuencias pueden no ser las que se esperaban. El gran problema radica en el descompás que pasa a existir entre las dos partes que forman la pareja.

El esposo sale todos los días de casa, tiene contacto con un gran número de personas, está expuesto a diversas situaciones durante sus actividades. Esto le exige una gran dosis de flexibilidad e imaginación para resolver todos los problemas que se presenten. Mientras tanto, la esposa se adapta a la rutina de la casa todos los días, se ocupa de las tareas domésticas, que le toman todo el tiempo, son repetitivas. No presentan nuevos desafíos. Sólo le exigen paciencia y esfuerzo físico, y casi no tiene ninguna actividad intelectual. Con el transcurso del tiempo se va haciendo cada vez más evidente la diferencia en el desenvolvimiento intelectual de uno y otro. El karma del esposo se va quemando mucho más rápido que el de la esposa. Hasta que un bello día, el hombre aparece diciendo que conoció a otra persona, que es fascinante, interesante, llena de nuevas ideas, etc. Generalmente acaba en separación, porque la mujer no cuidó de sí misma y no evolucionó, se estancó.

Por las mismas razones, con frecuencia la mujer también termina por descuidar su propia apariencia, tal vez porque piensa que ya cumplió su papel de atraer a su amado, y de ahí en adelante sólo le basta existir, o porque se preocupa tanto por conservar la casa que no se acuerda de que ella también debe presentar una figura agradable. Lo que sucede enseguida es previsible. El esposo ya no se siente atraído por aquella figura abandonada, que se preocupa más por la rutina doméstica que por él. Los momentos de pasión y romance son cada vez más esporádicos. El sexo pierde interés y se vuelve una rutina, cuando no es escaso o inexistente. Y todos sabemos que, para que la llama del amor humano permanezca encendida, debe existir sexo, porque éste nos lleva a Dios.

Si ya no existe más atracción mutua, si el sexo ya no se hace con la misma plenitud apasionada del comienzo, el karma del matrimonio se deja de quemar, pues esa quema sucede a través del sexo. Aparecerán los problemas sin que ninguno de los dos cónyuges se diera cuenta de esto.

El proceso de adaptación debe ser un ejercicio de tolerancia y convivencia, y nunca un método de modificaciones y exigencias desleales sobre el(la) compañero(a).

Piense en eso. Toda relación debe traer en sí la exigencia de que ambos continúen siendo dos personas que desean estar juntas, dos personalidades que se complementan y dos destinos que se unirán. Sin perder su individualidad. Así fue como se interesaron el uno por el otro, ¿o no?

El resultado será el de dos mitades complementándose, como encajan dos piezas de un rompecabezas, sin la necesidad de hacer recortes para ajustarlas. Si las piezas no encajan, una de las dos está equivocada, no debería estar ahí formando esa pareja.

Si usted tiene una relación con una persona con la cual no guarda ninguna afinidad, constantemente se pelean, aparte de eso hay mucha posesividad, inseguridad, autoritarismo y agresión, pero sexualmente se llevan muy bien, puede estar seguro(a) de que está en medio de una relación kármica.

CAPITULO
21

Para limpiar
su aura
de karmas

e l aura, o nuestro cuerpo astral, funciona como un computador astral. Todo lo que sucede en su vida, día a día, queda registrado en la memoria de ese computador. Claro que las cosas más importantes tienen mayor peso en esos registros. Nos fijamos inmensamente en el pasado, y eso, a veces, es ruin.

Somos resistentes a los cambios. Lo nuevo siempre trae inseguridad y temor, pero siempre es fascinante.

La gran capacidad del aura para retener esa información es muy preciosa en los aspectos positivos, y desastrosa en los negativos. Nos demoramos en apartar de nosotros los recuerdos o traumas del pasado.

Conforme al libro "Soul Mates", de Thomas Moore, "el alma acaba por aferrarse a lo que está sucediendo o a lo que ya sucedió, y termina por olvidarse de lo que aún está por vivir".

Esta frase va en contra de los estudios angélicos que dicen que no debemos hacer nuestras oraciones utilizando el tiempo futuro, pues nuestro ángel sólo actúa en tiempo presente.

Otro factor que satura mucho este campo vibracional son nuestras experiencias pasadas.

Nuestro pasado es la base de nuestro presente, por eso no es bueno decirle a las personas que su pasado fue difícil, que pasó por grandes dificultades, que nadie lo(a) comprendía, etc.

La verdad es que las personas están preocupadas con sus propios problemas. Piense si vale la pena estar recordando esos hechos.

Pronuncie la palabra inconstancia, que hace parte de las enseñanzas del Maestro Saint Germain, quien afirma que esta palabra tiene propiedades que eliminan los miasmas negativos de lo que se habló o pensó, cada vez que se recuerde de una escena desagradable o de un hecho que lo(a) lastimó.

Le voy a describir una forma práctica de hacer la limpieza de su aura, liberándola de los karmas.

Comencemos por reservar un espacio especial en su casa, al cual usted podrá llamar del "anclaje". Puede ser cualquier lugar que esté disponible, como, por ejemplo, al lado de su cama. Mentalice que este espacio especial siempre estará cargado con su energía.

Colóquese una ropa confortable y elija la posición en la cual se sienta más a gusto para practicar ese ejercicio.

Los Mantras (o sonidos) que mostramos a continuación, servirán para desviar la energía que está en su cuerpo, hacia el Kundalini, y encender y liberar todos los vínculos negativos.

Este ejercicio puede ser hecho todos los días, por la mañana al despertar o por la noche, antes de acostarse. Hágalo durante 21 días, procurando, durante ese tiempo, incluir por lo menos una fruta en sus comidas.

Antes de comenzar el ejercicio, tome una ducha o un baño rápido.

Siéntese sobre una almohada o un tapete y doble los pies, que deberán estar apoyados en sus muslos.

Cierre los ojos.

Coloque la punta de la lengua en el paladar, contraiga el abdomen, contraiga el ano, apriete el mentón contra el pecho y respire profundo por la nariz, manténgase así por unos segundos.

Coloque la mano izquierda sobre el corazón, y la mano derecha, abierta, frente al primer chakra (órgano sexual), de manera que quede apartada unos cuantos centímetros.

Conservando esa posición, haga el mantra "OM LAM" por tres veces.

Después haga el mantra "OM VAM" con la mano derecha 4 dedos debajo del ombligo, "OM RAM" encima del ombligo, "OM YAM" en medio del pecho, "OM HAM" en la garganta y "OM" sobre las cejas.

Durante todos ellos la mano izquierda debe conservarse sobre el corazón.

Mientras esté haciendo los mantras, visualice una serpiente dorada para conseguir mayor concentración. Esta serpiente dorada es el símbolo de la energía vital que nace en la base de la columna y sube hasta la parte superior de la cabeza.

Retenga esa idea por algunos instantes, y pase a visualizar la serpiente en la garganta, en el pecho, en el vientre y en el órgano genital.

Haga las entonaciones mántricas, que vibrarán en los siete chakras principales, expandiendo su aura y haciendo que se disuelvan los residuos kármicos.

La secuencia será, entonces:

OM LAM
OM VAM
OM RAM
OM YAM

OM HAM
OM

Para su información, los tántricos hacen estos mantras 108 veces por día, esto no significa que usted también deba hacerlos con tanta frecuencia. Para los occidentales, esa cantidad no es aconsejable.

Procure hacerlos tres veces al despertar, de esta manera los mantras servirán como un escudo protector invisible que lo(a) envolverá y protegerá durante todo el día.

TANTRA

La palabra "Tantra" viene del Sánscrito, y significa regla o ritual, identifica al culto del poder femenino.

En los textos tántricos encontramos toda la ciencia oculta que trata sobre la Magia Blanca, del lado oculto del hombre y de la naturaleza, además de los medios a través de los cuales ésta puede hacer sus descubrimientos.

En lugares como la India, Népal, el Tíbet, China y Japón, el tantra es considerado un arte y una ciencia. También es visto como una filosofía, y viene siendo mencionado desde hace mucho tiempo, desde la época de Egipto. Aparece también en algunos textos místicos de los hebreos, griegos y árabes.

Es la base del yoga, y existe hace 5000 años.

El tantra tiene como objetivo principal estudiar nuestra propia potencialidad y sexualidad, para llegar conscientemente al conocimiento de la alquimia del éxtasis.

Su regla principal es: "El sexo lleva a Dios".

El tantra es, por lo tanto, una filosofía, una ciencia, un arte y un estilo de vida, por medio del cual la energía sexual es utilizada consciente y creativamente.

Existen dos energías inseparables en el tantra representadas por dos dioses:

SHAKTI la mujer, representa la energía positiva de la sabiduría.

SHIVA el hombre, símbolo del poder trascendental.

MANTRA (O MANTRAM)

Los mantras surgieron hace muchos siglos, juntamente con el tantrismo, que ya tiene 5000 años.

Los mantras son versos sacados de las obras Védicas, se pueden definir como ciertas combinaciones de palabras dispuestas rítmicamente, a través de las cuales se originan ciertas vibraciones que producen determinados efectos ocultos.

Cada sonido del mundo físico despierta un sonido correspondiente en los reinos invisibles, e incita a la acción como si estuviera en la naturaleza. Cada letra tiene su significado y su razón de ser.

Todos los mantras son sacados de libros especiales que ocultan los brahmanes. En la mayoría de los casos el uso de los mantras sirve para fortalecer la voluntad de aquellos que los usan, y para imprimir en la mente del individuo el resultado que se desea obtener, el cual, a su vez, depende de la firme confianza de éste.

La palabra "mantra" significa además: *lenguaje sagrado, verso o fórmula mística.*

¿Quién utiliza los mantras? Prácticamente todos los orientales, principalmente todos los yoguis, para todos simboliza lo mismo que el Padre Nuestro para los cristianos.

En el Oriente se cree que todo el Universo se originó de un sonido primordial, y que cada mantra es una reproducción de ese sonido en un determinado momento de la creación.

El mantra también es un protector de la mente, se utiliza para expandir la conciencia. Los mantras ayudan a despertar y canalizar el Kundalini, además de controlar la energía sexual. Cuando es bien canalizada a través de los mantras, esta energía se eleva a Dios.

El mantra "OM" es el mejor para la manifestación divina, con todas sus variaciones.

KUNDALINI

El "Kundalini" es el poder de la vida, la manifestación del alma como energía materializada, surgiendo en forma de serpentina o espiral.

Es el poder divino latente en todos los seres, el principio universal de la vida. Esta fuerza incluye los dos grandes polos de atracción y repulsión. Tienen electricidad y magnetismo.

El Kundalini es el poder que produce el ajuste continuo de las relaciones internas con las externas. Es la base de la transmigración de las almas.

Esta fuerza poderosa, también llamada del Poder Igneo, es el principio activo, la fuerza creadora.

Para el tantra, la raíz Kunda significa lago. ¿Y qué tenemos en el lago? Agua, representación alquímica de la intuición. O sea, que en las personas espiritualizadas el poder del Kundalini está mejor ajustado que en las personas que sólo usan el lado de la razón.

El Kundalini está localizado en la región sexual de cada individuo, con un fuego interno de gran potencialidad.

La gran Diosa Kundalini duerme en la región sexual del cuerpo. Su forma es la de una serpiente que da tres vueltas y media. Cuando ella está dormida el alma individual está limitada y no aparece el conocimiento verdadero.

Los yoguis pasaron años preparándose para el despertar del Kundalini, que creo es una fuerza más natural en la mujer que en el hombre. Es como si sus experiencias se quedaran saturadas, impresas en su aura, eso es bueno.

La energía localizada en el instinto, el Kundalini, lleva esta información por todos los Chakras hasta llegar al último, que es el Chakra de la sabiduría, situado en la región de la coronilla. A estos se les llama transformadores de energía.

¿Cómo podemos despertar el Kundalini y hacer que él ascienda? A través del acto sexual, pues cuando usted hace el amor con alguien el Kundalini está vibrando.

Existe, no obstante, una base fundamental: si usted estuviera practicando el sexo sin amor, esta energía, que normalmente es liberadora de karmas, continúa estática, permanece donde está.

Sí, no obstante, el sexo tiene el amor como su componente integrante, esta energía sube, energizando los chakras hasta la coronilla, llegando hasta Dios.

Cuando el acto sexual es más prolongado, el Kundalini, representado por una cobra, destila parte de su energía en el Chakra del Amor, quedándose guardada allí por mucho tiempo.

El tantra enseña que las emociones, entonces, se vuelven más poderosas, pues existe un canal sutil que liga el corazón con los ojos, y todas las personas notan esta diferencia en la mirada.

Otra forma de activar el Kundalini es, en primer lugar, estar bien físicamente. En segundo lugar se debe prestar atención a su dieta alimenticia, evitando la ingestión de carnes rojas, y consumiendo, de preferencia, carnes blancas. Y en tercer lugar, estar en movimiento, no ser ocioso.

¿Quiere saber si su Kundalini está presente y latente en usted? Trate de identificar si hay en usted una emoción interior, unas ganas de vivir, independientemente de su edad.

MANDALAS

Ya que el alma refleja su ideal sobre el amor y el alma gemela, nada más interesante que sentir y escuchar la voz que viene del corazón, a través de los símbolos. Durante sus estudios sobre los símbolos, Jung, se encontró con los mandalas, las cuales veremos en este capítulo.

Será para usted, a través de los diseños, una terapia para la liberación y comprensión de sus sentimientos más secretos. Son, por así decirlo, una tendencia autocurativa del alma, una forma de llegar a Dios, purificando su alma y sus pensamientos.

Yo misma obtuve un resultado sorprendente con el mandala. Fue durante una época, en una fase de mi vida en que me encontraba sola, y las personas que acompañaban mi trabajo decían que yo debería seguir sola mi camino espiritual; eso me ponía muy triste, porque, al mismo tiempo, ¡yo quería encontrar mi alma gemela! En mi interior, sabía que no iba a permanecer sola, porque no conseguiría las fuerzas para alcanzar mi objetivo. Para ayudarme, un amigo me hizo un mandala, que hoy día aún conservo, en él yo tenía que hacer el ejercicio que encontrarán más adelante en este libro.

Medité durante 21 días. Y al mismo tiempo estudiaba sobre las fuerzas angelicales y sus rituales. Creo que mi canal psíquico estaba abierto, y tenía plena seguridad de que mi alma gemela se encontraba cerca. El encuentro, que ya describí en capítulos anteriores, finalmente sucedió. Espero que usted también tenga éxito.

La creación es descrita como un ritmo con varios ciclos diferentes. El mandala conserva ese mismo principio. Es una forma perfecta. Producirá, cuando se le diseñe o se contemple, un efecto semejante en nuestra estructura. El mandala es el Universo en movimiento, representando a nuestro ser, a nuestro verdadero yo. Al pintar el mandala, queda expresada la forma de sus pensamientos, reordenando así los procesos individuales. Por eso, también es muy importante meditar. Como lo indica la misma palabra, meditar es estar preocupado(a) por el medio.

Un mandala asemeja a una oración. Las estructuras simbólicas representan los órganos internos, reequilibrándolos de forma curativa. Como el mandala representa el principio, tiene como efecto extraer todo lo que tenemos en nuestro interior. Si, al pintarlo, aparecen sentimientos sin armonía, la causa no está en el mandala, sino en nuestra incapacidad para reproducir la armonía.

El mandala se pinta con el fin de desligar el intelecto. La ejecución del mandala provoca la expansión áurica. Cuando el cuadro está listo y es colocado en la pared, delimita la superficie y el espacio sagrado, preservando el ambiente de la invasión de fuerzas desagregadas y desagregadoras. Lo que el cuerpo es para el alma, el Yantra, o sea, el diseño, es para la divinidad.

Lo importante, para obtener el éxito en la acción terapéutica del mandala, es ser receptivo, y permitir que la función comience por sí sola.

Los diseños simbolizan la materia: el CUADRADO representa el mundo material; el CÍRCULO, su aspecto divino; el TRIÁNGULO, el modo de verlo.

¿Cuáles son los colores para pintar?

Los colores predominantes son el ROJO y el AZUL, que representan la polaridad de lo caliente y lo frío. El color intermediario entre los dos es el VIOLETA, que en el mundo de los colores sagrados significa transformación, además inspira al hombre para el centro, que es la espiritualidad.

El AZUL es receptivo, acogedor y femenino. Es el color de la búsqueda de la verdad, de la felicidad y de la inmortalidad.

El ROJO es el color de la idealización. Es caliente y tiene el color de las llamas. Es el color del valor, del ardor y del entusiasmo. El ROJO actúa en el mundo exterior de la misma forma que el color VIOLETA actúa en el mundo espiritual.

El color DORADO representa la luz solar, como símbolo de la Luz Revelada. Representa la fuerza de los grandes maestros elevados. Es el color de la Era de Acuario. Está muy próximo al color AMARILLO, el color de la razón, del intelecto y de la fertilidad, de la rapidez y de los bienes materiales.

El BLANCO, como el color de la luz no fraccionada. Es el de más elevación. Es el color del renacimiento espiritual. El único color perfecto, porque contiene en sí todos los otros colores. Es el color de la paz y la armonía. Incluso corta la ignorancia.

El VERDE es el color del crecimiento de una nueva esperanza. Aparte de eso, transforma los coeficientes kármicos en los accesos de celos o resentimiento.

El NEGRO representa la perfección que contiene todo. Es el color utilizado por los grandes magos.

El MARRÓN es el color de la humildad, recuerde la ropa que utilizan los Franciscanos.

El color PLATA está asociado con la Luna y el mundo espiritual, con el inconsciente y el mundo angelical.

Según los Esenios, que, como todos sabemos, era la comunidad de la cual se supone que Jesús formaba parte, la mejor manera de captar el efecto del mandala sería:

- *Ayuno, para aguzar los sentidos* (comer frutas y miel, evitando las carnes rojas)

- *Armonización visual* (velas y flores)

- *Armonización acústica* (música)

- *Armonización olfativa* (incienso y óleos perfumados)

Para entender su mandala, después de pintarlo, usted debe tener en cuenta los siguientes puntos:

Si pintó su mandala de dentro hacia fuera, la verdad es que usted quiere pasar su problema hacia el frente.

Si lo pintó de afuera hacia dentro, significa que usted quiere encontrar dentro de sí misma el origen del problema.

Observe su mandala durante 21 días, a una distancia de 30 a 40 centímetros de su rostro. Si quiere enmarcarlo, haga que quede a unos 10 ó 15 centímetros del Yantra.

Diseñe en el reverso del mandala los Tattwas Hindúes. Los Tattwas Hindúes son la representación geométrica de los elementos que componen el mandala universal, que son el cuadrado, la media luna, el triángulo, el círculo y el círculo menor.

Repare que el número 12 esté siempre presente. Usted misma actúa como el 13, el número de la transformación, o número angelical.

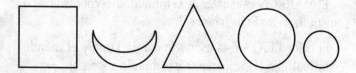

El número 8 actúa sobre el número 5 (los sentidos), además del conocimiento intelectivo, el pensar y las experiencias.

Las hojas de loto se abren hacia fuera, para revivir y activar su alma, lo mismo que los recuerdos de reencarnaciones.

El triángulo despierta el Kundalini.

Si lo desea, escriba el nombre de su ángel de la guarda al reverso del mandala.

Para purificarla, toque la tierra (o suelo) con las manos, enseguida toque el óleo.

Para descubrir su efecto terapéutico, tome una flor o un cristal en el yantra, y observe la representación de su color.

Mientras esté pintando el mandala, observe su comportamiento y medite al respecto:

- ¿Su tendencia es permanecer dentro de los limites o de traspasarlos?
- ¿Usted se permite equivocaciones?
- ¿Se disgusta cuando comete errores?
- ¿Se desquita con alguien cuando eso sucede?
- ¿Después de pintarlo, le gusta apreciarlo?
- ¿Siente deseos de seguir pintándolo?

Las respuestas a esas preguntas le dirán algo sobre usted misma, llevándola a conocerse mejor.

MANDALA 1

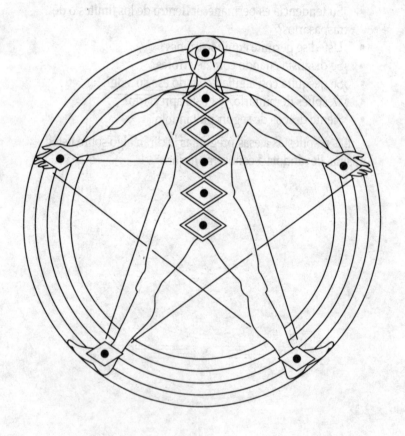

MANDALA 2

MANDALA 3

CAPITULO
22

Alquimia
ambiental

Cuando muere un compañero el sobreviviente siente el deseo de formar una nueva familia, de encontrar un nuevo compañero, después de pasado el tiempo necesario para el entendimiento y comprensión de esa pérdida, con seguridad la persona de la relación anterior era sólo un alma compañera, y no un alma gemela.

Lo importante es, entonces, elevar su conciencia y no quedarse lamentándose constantemente o removiendo recuerdos del pasado sobre el cónyuge anterior.

Si usted está solo, y quiere encontrar un nuevo amor, es necesario hacer una limpieza en su casa, limpiar el alma de su residencia, que está íntimamente ligada a usted.

¿Ya se dio cuenta que después de una separación se acostumbra a cambiar de muebles, a pintar la casa con un color más alegre, etc.? Esto puede llamarse la Alquimia Ambiental, una necesidad que tiene el alma de su casa de ser purificada.

La misma situación sucede cuando usted está iniciando un nuevo romance. Sí, después de leer los capítulos anteriores, usted cree que se está relacionando con la persona apropiada, el primer paso es cortar cualquier vínculo afectivo anterior.

Por ejemplo: aquella agenda con teléfonos puede ser arrojada a la basura, las fotografías que aún guarda puede romperlas, etc. Lo mismo ocurre con los regalos. No se apegue a nada de eso. Cada vez que usted vea un objeto, automáticamente su inconsciente le trae recuerdos de la persona con quien estaba.

¿Usted cree que es difícil hacer esa "limpieza"? Si fuese ese el caso, tenemos un problema, porque no sucede nada con las personas que permanecen muy ligadas al pasado. Piense conmigo: ¿no es hora de acometer TODO en esta relación, haciendo lo necesario para que ésta sea verdadera?

Después de algunos meses de convivir con Urbano, hice una limpieza general. Boté fotografías a la basura, lo mismo hice con los diarios, muñecos de peluche y todo lo que me pudiera ligar al pasado. Fui más honesta con Urbano y más sincera con mi alma y mi relación.

Nuestro inconsciente es tan poderoso que adora los recuerdos, y una forma de apegarse a ellos es intentando no decir a todo momento que todos los(as) "ex" aún son amigos.

Piense, con cariño y atención, en todo esto que le recomiendo.

CAPITULO
23

El
matrimonio

e l matrimonio no es nada más que un contrato legal, una "sociedad comercial". Es un pacto occidental, donde la pareja define y asume sus obligaciones, conforme lo determina la sociedad en sus leyes civiles.

No garantiza la felicidad y tampoco asegura que los cónyuges continuarán amándose para siempre. No es el certificado de garantía que muchos imaginan y desean.

Según la investigadora Danielle Ardaillo, "El matrimonio puede durar para siempre", si en cada cambio hubiera una salida negociada que redefina el espacio de libertad de cada uno. Deben evitarse los papeles tradicionales de esposo y esposa. El matrimonio significa renovar constantemente ese contrato. ¿Las personas no revisan el contrato de arrendamiento de la casa?

Si no tenemos en cuenta las exigencias legales, constataríamos que el acto del matrimonio podría ser dispensado, puesto que en la más simple relación el alma está presente.

Las mujeres buscan el príncipe encantado, el esposo perfecto, la pareja ideal. Los hombres, a su vez, buscan una mujer encantadora, inteligente y sincera. Si lo encuentran o no, es un riesgo de la vida, no propiamente del matrimonio.

Nuestra sociedad nos impone, por cuestión de organización y control de derechos y obligaciones, que el método correcto de la unión es el matrimonio, así mismo lo considera un "premio", en un determinado momento de la vida.

¿Ya consideró que casarse significa entrar en el destino de otra persona e inevitablemente, comenzar a interferir? ¿Que la vida en común hace que cada cosa marque para siempre al compañero para el resto de la vida? Cada caricia, palabra, gesto, serán recordados más tarde, para bien o para mal. Igualmente, los conflictos lo serán en la relación y en la sexualidad.

En un matrimonio que no marcha bien, usted puede reflexionar: "Amo a mi esposo (o esposa), siento que somos el uno para el otro, pero la relación es fría, sexualmente ya no somos como antes".

La verdadera alma del matrimonio radica en aceptarlo tal y como es, realmente, sin la ilusión de que será un mar de rosas.

Cuando las cosas no marchan bien sexualmente, por lo general, no hay ningún desorden físico, es el alma la que está sufriendo transformaciones.

El trabajo va bien, los negocios también, la profesión es satisfactoria, el dinero es suficiente, pero nada de eso progresa. Ya no existe esa vibración energética del Chakra sexual; el ardor físico disminuyó.

Pero aún puede haber mucha vibración en el Chakra cardíaco, aquel que conserva el amor verdadero.

Recuerde que entre las parejas la relación sexual sucede todo el tiempo, no sólo en la cama. Es necesario mantener siempre el interés en los juegos sexuales paralelos, o todo caerá en una rutina insoportable para ambos.

Recordemos también que el sexo trae a tono recuerdos, personas, deseos y fantasías que están guardados bajo 7 llaves en el inconsciente. Descubrimos o recordamos en ese momento mágico, nuestros verdaderos sentimientos y fantasías.

Probablemente usted forma parte de quienes consideran el sexo algo sagrado. Entonces usted sabe que, hacer por hacer, no es lo correcto, es mejor esperar el momento apropiado, con calidad en lugar de cantidad. No hay nada de malo en esa actitud, por el contrario, demuestra, en lo mínimo, inteligencia.

El sexo es una forma de "invadir" profundamente el alma. Por lo tanto, cree más espacios para las fantasías. Recuerde que usted tiene el poder de atraer buenos fluidos para el alma de este matrimonio, correspondiéndole a la mujer encender la Llama Trina de este amor.

¿Y cómo conservar la magia del matrimonio? Es simple: el alma está asociada con el sueño, la libertad, la poesía, y la música. Al soñar, pequeños gestos y agrados, caricias, hasta las mismas bromas estimulan una relación. ¡Déle una sorpresa a su alma gemela! Viajar de vez en cuando es soñar, es desligarse de todo día a día. Mande telegramas, expresando su amor. Escriba tarjetas, envíe flores, ¡haga todo lo que quiera!!

Sobre todo, procure no cometer el mayor de los errores: creer que un(a) compañero(a) siempre sabe lo que el otro piensa, gusta o quiere. Es necesario conversar siempre, para mantener el conocimiento mutuo siempre actual.

Ejerza su libertad de expresión con la intimidad que el matrimonio permite, sin confundirla con la falta de educación o grosería. Erotice su relación de marido y mujer, procure realizarse sexualmente.

Todo eso, más cariño, respeto y amor es importante para conservar la familia.

Otra forma de comunicación entre compañeros, que generalmente es olvidada, es a través de cartas. Siempre lo hice, tal vez inconscientemente. Como Virginiana, siempre he adorado escribir. Cuando enamoraba a mi esposo le escribía cartas apasionadas, y también cuando ¡peleábamos! No he dejado de hacerlo hasta el día de hoy.

Cuando usted escribe una carta, el tiempo de reflexión es mayor para decidir lo que se va a decir, sin el calor de la disputa, que inevitablemente está presente en una discusión personal, y al mismo tiempo su tercera visión se abre, y su inconsciente, con su aspecto mágico, se acentúan más.

En una carta nuestros sentimientos se expresan mejor. A través de las palabras, podemos ser más sinceros y honestos, pensando en los dos lados de la versión y ordenando nuestros pensamientos. Tenemos la oportunidad de abrir verdaderamente nuestra alma! Piénselo. Verá que es verdad. Nadie logra escribir una carta sin antes poner en orden y reflexionar sobre el tema a abordar.

Será muy difícil "remendar" una relación destinada al fracaso. Sin embargo, si usted cuida de su matrimonio, en lugar de dejarlo que simplemente todo suceda por inercia, existirán mayores posibilidades para que sea lo que usted y su esposo desean.

De la misma forma que las flores en un jarrón, el matrimonio necesita ser cultivado. Es muy importante utilizar una buena parte de su tiempo en eso.

¿Ya pensó cómo sería de maravilloso si el mismo tiempo que le dedicamos al trabajo pudiese ser destinado a cuidar del matrimonio?

Existe un hermoso dicho que dice: "Es fácil conquistar una mujer por día; lo difícil es conquistar a la misma mujer todos los días". Vale lo mismo para las mujeres, en relación con los hombres.

El matrimonio, por lo tanto, no es, necesariamente, un peso.

Puede ser una bendición.

CAPITULO
24

Homosexualidad

¿Existen almas gemelas del mismo sexo?

Este es un tema extremadamente polémico, y por eso mismo no hay una sola conferencia donde por lo menos no se haga una pregunta al respecto.

No existe, dentro del Esoterismo, una opinión unánime sobre este hecho.

Por otra parte, no se puede ignorar así no más ese asunto, pues existe un gran número de personas que viven en nuestro país en condición de homosexuales, y ellos merecen el mismo respeto que dedicamos a todos los seres humanos.

A primera vista podría decir que la mujer debe ser atraída por los hombres y viceversa. Esa es la regla general de la naturaleza. Pero la observación del comportamiento de la sociedad, de los progresos de la Medicina, de la Sociología, de la Psicología, etc., me lleva a pensar que no se pueden negar los casos en que una mujer está abrigada por un cuerpo masculino, o un hombre está ocupando un cuerpo femenino.

También existen casos en que la opción de la homosexualidad se da después de que uno de los dos ha pasado por un matrimonio heterosexual, como marido, y que además haya tenido hijas en esa primera unión. En un caso especifico, las hijas del primer matrimonio visitan a su padre, ahora envuelto en un matrimonio homosexual, normalmente, sin traumas ni problemas, respetando igualmente a su compañero y conviviendo con ambos en un clima familiar.

¿Cómo actuar y qué pensar al respecto?

Es un asunto íntimo, con toda seguridad.

Primero vamos a examinar algunos hechos.

En Brasil existen cerca de 1,8 millones de personas homosexuales. Cuando esas personas deciden vivir juntas, funcionan como una unidad familiar, a pesar de no tener hijos. Aunque las leyes brasileñas no permiten matrimonios oficiales entre homosexuales, la pareja pasa a compartir la misma casa, la misma vida, los mismos amigos, el mismo lecho, a dividir las obligaciones, etc. Igual que una pareja heterosexual, pero cargando consigo el peso adicional de ser, frecuentemente, discriminados.

No se sabe con exactitud cuántas parejas viven en esa condición, en nuestro país, ya que no hay estadísticas al respecto. Sólo en Dinamarca (el primer país en el mundo en legalizar la unión civil entre personas del mismo sexo), podemos encontrar cifras disponibles sobre el tema. Pero seguramente, su realidad no tiene nada que ver con la nuestra, y por lo tanto esas cifras no son importantes, en nuestro contexto.

De dos años para acá los homosexuales están más interesados en conocer las leyes que envuelven las relaciones entre personas del mismo sexo, como derechos de herencia, división de patrimonio, posibilidad de adopción de niños, etc.

Según Ronaldo Pamplona, de la Sociedad de Psicodrama de Sao Paulo, y Coordinador del Área de Sexualidades Alternativas del Instituto Kaplan, las uniones entre personas del "mismo sexo" tienden a durar menos.

Los factores principales que hacen concluir eso son: la inexistencia de dependencia económica entre las partes; menor presión familiar para que la unión se mantenga, cuando hay conflictos; ausencia de hijos en quien pensar; facilidad de disolución, ya que no existen lazos legales para ser rotos. Estas diversas condiciones hacen que la relación sea más libre, y se mantenga por razones exclusivamente amorosas.

De acuerdo con lo que aprendemos en física, "Los opuestos se atraen". Este concepto, para el esoterismo, en mi opinión– no en el de las almas gemelas– no corresponde a la verdad. Como escribió Russ Michael en su libro ¿Cómo encontrar su alma gemela?, "los pájaros de la misma especie vuelan juntos".

¿Lo que importa no es el sentimiento que se ve desde el fondo del corazón? Si su alma es masculina y está en el cuerpo de una mujer, sea feliz, verdaderamente feliz, colocando como ideal de felicidad a una mujer. Para los hombres, lo mismo. Lo importante es que su pareja corresponda a sus expectativas y pueda llevarlo a la felicidad y a la realización que buscan con tantas dificultades.

Una mujer o un hombre pueden encontrar en el mismo sexo, aquello que no encontraron en el sexo opuesto, si son absolutamente honestos en sus sentimientos.

Sé que algunas personas no aceptan la idea de que pueda existir algo sagrado en una relación homosexual, y a ellos les recuerdo que no deben juzgar. Cada cual tiene su camino, siempre rumbo a la evolución.

Usted verá en este libro varias historias de casos famosos, reales o imaginarios, que coloqué como demostración de lo que entiendo por almas gemelas.

Allí encontrará también la leyenda de Apolo y Jacinto, y no fue por descuido, no. Entiendo que entre los homosexuales pueden existir almas gemelas, escapando a la regla general.

Antes de escandalizarnos con actos fuera de las reglas preestablecidas, necesitamos tomar conciencia de que el encuentro de dos almas gemelas es un acontecimiento capaz de, en vista de la profundidad e importancia que tiene, superar incluso el concepto moral que ambos tenían antes de ese encuentro.

Moral es, según las definiciones generalmente aceptadas, un conjunto de reglas de conducta que son consideradas válidas en aquel momento y en aquel lugar. Lo que se juzga moral, hoy y ahora aquí en el Brasil, por ejemplo, puede ser considerado inmoral en otro país, en este momento, o puede no haber sido moral en otro país, en otra época, o también puede haber sido considerado inmoral aquí en el Brasil, en otros tiempos. Es, por lo tanto, una cuestión de tiempo y lugar.

Por más increíble que pueda parecer, hubo un tiempo, muy reciente, en el que la esclavitud de personas de raza negra era moralmente aceptable, hoy eso nos causa horror y repulsión.

Y aún existen, en otros países, hábitos que, si son colocados en práctica en nuestro país, serían repudiados moralmente.

Entonces, si se encuentra con una pareja de homosexuales que parecen haber encontrado su alma gemela, no los condene ni los defienda, pues no hay nada que juzgar.

Prosiga su propio camino, busque su propia evolución. Ellos también están buscando lo mismo que usted. Todos tienen derecho a buscar su propia felicidad. Lo que importa es alcanzarla.

Cualquier unión, bajo el punto de vista espiritual, es sagrada. Ella hace emerger el acto de la creación suprema, Ying y Yang, Shakti y Shakta.

Todo contacto amoroso debe ser considerado cósmico, no importa que, al principio, se escape a nuestra limitada capacidad de entendimiento.

CAPITULO
25

Llegamos
al fin

C uando una relación llega al fin, tratamos de encontrar disculpas y culpamos a la otra persona por el rompimiento. En ese instante no podemos olvidar que, si la relación terminó, es porque era kármica, y no de almas gemelas. Tenía que terminar. Piense conmigo: mi alma no desea más está relación y ahora puedo intentar encontrar ¡mi verdadera alma gemela!

El alma siempre encuentra una aptitud mágica, misteriosa, para poder proseguir con nuestra evolución. Así haya terminado, esa relación fue satisfactoria para el alma, y acrecentó las emociones y ayudó a adquirir madurez, sin agotar su esencia. A pesar de que, humanamente, nos estemos sintiendo exactamente al contrario.

¿Existe alguien en el mundo que no haya pasado por situaciones difíciles? Creo que no. No hay nada peor que soportar una paliza del destino. Lo único que hay que hacer es crecer con el sufrimiento, a pesar de la humillación y de estar tentados a imaginar qué fue lo que hicimos en otras vidas para merecer esto.

Los cabalistas dicen que llegar al fin de una relación amorosa hace que el "reservatorio de felicidad" quede bien lleno. La pérdida, para un perdedor, que se subestima porque cree que no es capaz de mantener una relación, es terrible. No cree su propio infierno. Actúe con grandeza. Recuerde que infierno viene de inferi, que quiere decir, pensar de forma inferior, instintiva. Una frase que siempre digo: "Cuando el diablo cierra una puerta, los ángeles abren diez".

Ante una crisis amorosa, no se desanime, "Crée". Renueve su imagen, por ejemplo, comience por un nuevo corte de cabello y siga adelante. Dicen que su apariencia refleja cómo está su alma. ¡Por eso debe presentarse bonita! Sé que nadie decide cuánto va a amar a una persona, y a veces puede venir la separación. Tampoco podemos olvidar la Ley del karma, de acción y reacción. ¿Ya se puso a pensar cuántas veces le dijo no a esa persona?

¿Quiere mejorar esa sensación? Vamos a lo dicho: No trate de ser valiente y de mostrar a todos que usted es fuerte. La única manera de luchar con el dolor es llegar al fondo de éste, para salir lo más pronto posible. ¿Las cosas no salieron como esperaba? Llore, converse y libérese de ese problema. Es necesario derramar el dolor del alma. Sólo hablando y llorando logramos liberar el aura del sufrimiento.

¿Acaso, a los ojos no les dicen que son el espejo del alma? Entonces, lávela llorando.

La fase más crítica del sufrimiento dura entre 6 y 8 días, porque nuestra aura tiene 7 capas y, para simplificar, cada día limpiamos una.

Si "se hace la dura" ignorando su propio dolor, además de desequilibrio psicológico y espiritual también puede tener problemas de salud. Eso empeoraría todo, ¿o no? Después de la pérdida, ¡vida nueva! En ese proceso de renovación, vale todo: encender velas a los ángeles, incienso, consultar oráculos, usar los cristales, hacer oraciones, flores de Bach, etc.

¿Ya pensó lo monótona que sería nuestra vida si nunca tuviéramos pérdidas? ¡Seríamos ahogados por tanta existencia!

Y para concluir, una reflexión: ¿Ya pensó cómo sería si todos estuvieran con sus respectivos "ex"? ¡Qué confusión!!!!

CAPITULO
26

El amor
de almas gemelas

TRISTÁN E ISOLDA

Tristán e Isolda son personajes de una leyenda cuyo origen exacto nos es desconocido, apenas se sabe que las primeras versiones escritas datan del Siglo X.

Dicen que a Tristán, después de quedar huérfano, le fue arrebatada toda su herencia por los vasallos de su padre. Desprotegido, se fue a vivir con un tío, un rey llamado Marcos, que lo transformó en un caballero de la Mesa Redonda.

En una batalla con el gigante Morolt, a quien el rey Marcos le pagaba grandes impuestos, Tristán fue herido, y sus heridas sólo podrían ser curadas por la magia de la reina de Irlanda, enemiga declarada de su tío; disfrazándose de músico y utilizando el nombre de Tantris, Tristán fue conducido al castillo de la reina, y allí se volvió profesor de música de la princesa Isolda.

Después de ser curado por la reina, Tristán regresó al castillo de su tío, a quien le describió la belleza de Isolda. El rey Marcos, entretenido con las palabras de Tristán, vislumbró una buena manera de acabar con la enemistad entre él y la reina de Irlanda, y pidió la mano de Isolda en matrimonio. La reina estuvo de acuerdo, y organizó un banquete nupcial, preparando una poción mágica que llevaría a los novios, al rey Marcos y a la princesa Isolda a una pasión inmediata.

Durante el banquete, los vasos que contenían la poción mágica fueron cambiados por accidente, y Tristán fue quien bebió en lugar del rey Marcos. Inmediatamente, él e Isolda se enamoraron, aunque se prosiguió con el matrimonio. Llevados por una pasión incontrolable, Tristán e Isolda se encontraban a escondidas, pero un día fueron sorprendidos por el rey Marcos, que, lastimado, expulsó a los dos del castillo. Estuvieron vagando sin ningún destino durante algún tiempo, no tenían bienes, ni encontraban refugio en ningún lugar, porque todos temían la ira del rey Marcos. Tristán e Isolda llegaron a un terrible estado de penuria. Apesadumbrado, el rey Marcos los perdonó, acogiendo a Isolda en su castillo y deportando a su sobrino Tristán a tierras muy lejanas.

Desterrado en tierras lejanas, sin esperanzas, Tristán terminó casándose con una joven, también, por coincidencia, llamada Isolda. Esta, a pesar de amarlo mucho, nunca logró hacerlo olvidar su antiguo amor, y por eso sentía unos celos terribles.

En otra batalla, Tristán resultó nuevamente herido, y le pidió a Isolda, su amada, que había heredado de su madre el arte de la curación, que fuera a atenderlo. Isolda, que también amaba aún a Tristán, no le negó la ayuda. Mandó a avisar, que si todo salía bien, llegaría en un navío que tenía velas blancas. La esposa de Tristán, entretanto, lastimada por la actitud de su esposo, quiso vengarse de ella, y al avistar que el navío llegaba, dijo que éste tenía velas negras, anunciando que Isolda había fallecido durante el viaje.

Tristán no soportó la supuesta pérdida de Isolda y murió. Cuando finalmente ella desembarcó para ver a su amor, ya era tarde.

Lo encontró muerto.

ABELARDO Y ELOÍSA

El romance entre Eloísa y el filósofo Pedro Abelardo se inició en París, en un periodo comprendido entre le final de la Edad Media y el comienzo del Renacimiento.

Abelardo recientemente había sido contratado por la Escuela Catedral de Notre Dame, volviéndose, en poco tiempo, muy conocido debido a su admiración por los filósofos no-cristianos, en una época en que la iglesia Católica ejercía un fuerte poder.

Eloísa, que ya había oído hablar de Abelardo y se interesaba en sus teorías polémicas, trató de aproximarse a él por medio de sus profesores, pero sus intentos fueron en vano.

Una tarde, Eloísa, salió a pasear con su criada Sibyle, y se acercó a un grupo de estudiantes reunido en torno de alguien. Su sombrero fue arrastrado por el viento, yendo a parar justo a los pies del joven que era el centro de atenciones, el maestro Abelardo. Al escuchar su nombre, el corazón de Eloísa se disparó. Él levantó el sombrero, y cuando Eloísa se acercó a recibirlo, -luego la reconocería como Eloísa de Notre Dame-, la invitó a que se uniera al grupo. Se escucharon risas jocosas que cesaron inmediatamente cuando ellos se miraron fijamente. Eloísa se colocó de nuevo el sombrero, hizo una reverencia a Abelardo y se retiró.

Desde ese encuentro, Eloísa no consiguió apartar de su mente a Abelardo. Fingió estar enferma, se disculpó de sus antiguos profesores y comenzó a interesarse por las obras de Platón y Ovidio, por el Cántico de Cánticos, por la alquimia y por el estudio de los filtros, hierbas y esencias. Ella sabía que Abelardo sería atraído por sus actividades y se acercaría. Cuando él se enteró de los estudios de Eloísa, conforme ella lo había previsto, la buscó inmediatamente.

Abelardo se volvió amigo de Fulbert de Notre Dame, tío y tutor de Eloísa, quien luego lo aceptó como el nuevo profesor de su sobrina, lo hospedó en su casa, a cambio de las clases nocturnas que él le daría. En poco tiempo esas clases pasaron a ser ansiosamente aguardadas y, sin demora, contando con la confianza de Fulbert, comenzaron a quedarse solos. Fulbert se iba a dormir, y la criada se retiraba discretamente para la habitación contigua.

En cuestión de meses, ya se conocían muy bien, y sólo tenían paz cuando estaban juntos. Un día Abelardo haló del cinturón que apretaba la túnica de Eloísa y los dos se amaron apasionadamente. A partir de ese momento Abelardo comenzó a perder interés en todo, sólo pensaba en Eloísa, y descuidó sus obligaciones como profesor.

Los problemas comenzaron a surgir. Primero, ese amor empezó a tropezar con los conceptos de la época, cuando dos intelectuales, como Eloísa y Abelardo, racionalizaban el amor, creían que los impulsos sensuales deberían ser reprimidos por el intelecto. No había lugar para el deseo, pero este era un componente muy fuerte en la relación de los dos, y les originó un intenso conflicto a ambos. Al mismo tiempo, Sibyle, la criada, enfermó, y la criada que la sustituyó encontró una carta de Abelardo para Eloísa y se la entregó a Fulbert, quien inmediatamente lo expulsó de la casa. Sin embargo, eso no fue suficiente para separarlos.

Eloísa preparaba brebajes para que su tío se durmiera y, con la ayuda de su criada Sibyle, Abelardo fue conducido a la bodega, lugar que pasó a ser el punto de encuentro de los dos.

Pero, una noche, alertado por la criada, Fulbert terminó por descubrirlos. Eloísa fue apaleada, y la casa comenzó a ser vigilada cuidadosamente. Ni siquiera eso disminuyó el amor de Abelardo y Eloísa, y empezaron a encontrarse donde pudieran; en sacristías, confesionarios y catedrales, los únicos lugares que Eloísa podía frecuentar sin compañía.

Eloísa quedó embarazada, y para evitar el escándalo, Abelardo la llevó a la aldea de Pallet, situada en el interior de Francia. Allí, la dejó bajo los cuidados de su hermana y volvió a París, pero no soportó la soledad que padecía, lejos de su amada, y resolvió hablar con Fulbert, para pedirle perdón y la mano de Eloísa en matrimonio.

Sorprendentemente, Fulbert lo perdonó y estuvo de acuerdo con el matrimonio.

Al recibir las buenas nuevas, Eloísa, dejo a su hijo con la hermana de Abelardo y volvió a París, presintiendo, no obstante, una tragedia. Ante tanta impaciencia, se casaron a la media noche, en una pequeña ala de la Catedral de Notre Dame, sin siquiera intercambiar argollas y sin darse un beso delante del sacerdote.

El sigilo del matrimonio no duró mucho, poco después comenzaron a burlarse de Eloísa y de la educación que Fulbert le había dado. Ofendido, éste resolvió acabar con todo. Contrató a dos verdugos para que entraran en la habitación de Abelardo durante la noche y le arrancaran el miembro viril.

Después de la tragedia, Abelardo y Eloísa jamás se volvieron a hablar.

Ella ingresó al convento de Santa María de Argenteul, en un profundo estado de depresión; sólo se reintegró a la vida, conforme iban surgiendo las noticias de mejoría de su amado. Tratando de aminorar el dolor que sentían por la falta uno del otro, ambos comenzaron a dedicarse exclusivamente a su trabajo.

Abelardo construyó una escuela monasterio junto a la escuela convento de Eloísa. Se veían diariamente, pero nunca se hablaban. Sólo intercambiaban cartas de amor.

Abelardo murió en el año 1142, a los 63 años. Eloísa erigió un gran sepulcro en su homenaje, y falleció poco tiempo después, siendo, por iniciativa de sus alumnas, sepultada al lado de Abelardo.

Se cuenta que, al abrir la sepultura de Abelardo, para depositar a Eloísa, encontraron su cuerpo aún intacto y con los brazos abiertos, como si estuviera aguardando su llegada.

DANTE Y BEATRIZ

Dante Alighieri y Beatriz formaron una de las parejas más conocidas de todo el mundo, y su historia de amor es una de las más bellas. La verdad, sin embargo, es que Dante nunca llegó siquiera a tocar a Beatriz. Apenas la vio, y eso fue suficiente para que él la amara por el resto de su vida.

Dante la vio por primera vez cuando apenas tenía 9 años de edad. La volvió a ver en el año 1283, a los 16 años, y su corazón de adolescente sintió todas las emociones posibles.

Algunos años más tarde, Beatriz se casó con un adinerado comerciante de Florencia, y Dante con Gemma Donati, matrimonio arreglado con anterioridad por su padre.

Beatriz murió dos años después de su matrimonio, mientras que Dante, a su vez, llevaba un matrimonio completamente banal con su esposa Gemma, sin ningún atractivo o cualquier emoción especial.

Dos años después de la muerte de su amada, Dante publicó el libro "Vita Nuova", donde encontramos los poemas que había escrito en homenaje a su amor por Beatriz.

ROMEO Y JULIETA

La obra literaria escrita por William Shakespeare representa la tragedia clásica de su autor, emocionando a todos desde hace 400 años. Es la historia del amor de dos jóvenes italianos que vivieron a principios del Renacimiento, y eran originarios de dos familias enemigas.

Romeo, para olvidar su amor por una joven llamada Rosalina, siguió el consejo de un pariente y fue al baile de los Capuleto, familia enemiga de la suya, usando una máscara. Cuando llegó al baile, vio a Julieta, y se sintió muy atraído por su belleza. No obstante, se desilusionó inmediatamente cuando supo que era una Capuleto. Julieta también se sintió atraída por Romeo, pero igualmente se decepcionó cuando descubrió su origen.

Romeo, sin embargo, no logró disminuir su pasión por Julieta, y al entrar, a escondidas, al jardín de la casa de los Capuleto, escuchó cuando Julieta le confesaba a las estrellas que también estaba enamorada de él.

No pudiendo resistir tanta felicidad, Romeo reveló su presencia a Julieta, y después de votos apasionados de amor los dos decidieron casarse. Para eso contaron con el bene-plácito de Fray Lourenco, amigo de Romeo, que los casó en su propia casa. Fray Lourenco esperaba que ese matrimonio trajera de nuevo la paz a las relaciones de las dos familias.

Al salir de la ceremonia, Romeo encontró a Benvólio y Mercucio peleando con Teobaldo, primo de Julieta. Este, al ver a Romeo, comenzó a provocarlos, pues se enteró de su presencia en el baile de los Capuleto. Romeo trató de ignorar las provocaciones porque Teobaldo era pariente de su amada, y ahora querida esposa, Julieta. Mercucio, sin embargo, ignorando las razones de Romeo para aquel comportamiento pasivo, aceptó las provocaciones en su lugar y, en la lucha que se originó, fue muerto por Teobaldo.

Romeo, fuera de sí al ver a Mercucio postrado sin vida por causa de las ofensas que revelara por su amor, acabó por matar a Teobaldo. Se refugió enseguida en la casa de Fray Lourenco, huyendo después para Mantova. Julieta se desesperó con los acontecimientos, pero su familia pensó que su estado se debía a la muerte de su primo Teobaldo. Para confortarla, resolvieron casarla con Paris, primo del Príncipe Escalo.

Julieta buscó la ayuda de Fray Lourenco, éste le aconsejó que dijera que aceptaba el matrimonio y, que después, se tomara un remedio que haría parecer que ella estaba muerta. Julieta se tomó el remedio, cayendo en un estado de letargo, y su familia, creyéndola realmente muerta, la llevó para el sepulcro de los Capuleto.

Sin embargo, la carta que Fray Lourenco le enviara a Romeo, contándole todo el plan, no llegó hasta él, y éste se enteró, por otras fuentes, de la muerte de Julieta.

Desesperado, Romeo decidió regresar, pero antes de dirigirse al sepulcro compró un veneno que pretendía tomar, para así, ir al encuentro de su amada. Cuando llegó al sepulcro de los Capuleto, Romeo se encontró con Paris, y peleó con él. Al final de la confrontación, Romeo lo mató, y fue hasta donde se encontraba el cuerpo de su amor.

Allí, frente a Julieta, creyéndola muerta, Romeo bebió el veneno y murió. Poco después llegó Fray Lourenco, y despertó a Julieta de su sueño. Ella, tan pronto volvió en sí, vio el cuerpo de Romeo tendido en el suelo, al lado de la daga bañada en la sangre de Paris.

No soportando la muerte de Romeo, Julieta utilizó la misma daga para matarse, terminando la tragedia de dos almas gemelas.

PARIS Y HELENA

La historia de amor entre Paris y Helena hace parte de la mitología grecorromana.

Paris era hijo menor de Príamo y Hécuba, reyes de Troya. Poco antes de su nacimiento, su madre soñó, premonitoriamente, que estaba pariendo una antorcha que traería fuego a Troya. A Hécuba le aconsejaron que interrumpiese el embarazo, pero decidió tener su hijo, a pesar del sueño. Después de nacer Paris, fue enviado a Ida, donde fue criado por pastores, que lo llamaron Alexandre.

Después de un tiempo, Paris regresó a Troya, revelando posteriormente su identidad.

Con respecto a Helena, esposa de Menelao, existen varias versiones diferentes, que hacen difícil descifrar su leyenda. Algunas veces aparece como hija de Zeus y Leda, y teniendo como padre "humano" a Tíndaro. En otras es mostrada como hija de Zeus y Némesis, que huyendo de éste, asumía varias formas, hasta quedar permanentemente como una gansa. Zeus, para unirse a ella, se transformó en cisne, y de Némesis surgió un huevo que fue llevado a Leda por un pastor. Al romperlo, nació Helena, y Leda la crío como si fuese su propia hija. Después de nacida ella fue criada por Tíndaro y Leda.

Cuando Tíndaro decidió que ya era hora de que helena se casara, se presentaron muchos pretendientes, motivados por su belleza. Helena, después de dudar mucho entre los concurrentes, escogió a Menelao, y de ese matrimonio nació Hermíone.

Al mismo tiempo, los dioses se reunieron para celebrar el matrimonio de Tetis y Peleo. Eris (la discordia) hizo una hamaca de oro y dijo que deberían dársela a la más bella entre, Atenas, Era y Afrodita. Paris fue encargado de hacer la elección. Por el hecho de ser diosas, las tres eran muy vanidosas, y, a cambio de resultar elegidas, cada una por aparte le prometió a Paris protección y regalos especiales. La oferta de Afrodita terminó por convencer a Paris. Ella le prometió el amor de Helena. En ese momento él estaba enamorado de la ninfa Enone, pero la abandonó para ir en busca de Helena.

Dicen, algunas versiones que, en ese viaje por Esparta, Paris se hizo acompañar de Eneas. Tan pronto llegaron al

Peloponeso fueron recibidos por los hermanos de Helena, que los llevaron ante Menelao. Éste, a su vez, ignorando lo que pasaba, los recibió muy bien y les presentó a Helena. Unos días después, Menelao tuvo que ausentarse y dejó a los visitantes bajo los cuidados de su esposa Helena. El viaje de Menelao terminó por facilitar el contacto entre Paris y Helena. Ésta, mucho más bella gracias a los poderes de Afrodita, se dejó atraer, y terminó por enamorarse de Paris, siendo seducida por él.

Forzada a tomar una decisión, Helena resolvió abandonar a su hija Hermíone y huir con Paris durante la noche, llevando consigo todos los tesoros. Los amantes se dirigieron a Troya, donde fueron bien recibidos por Príamo y por toda la casa real.

Poco tiempo después llegaron a Troya los embajadores de Grecia, para reclamar a la fugitiva. Esos embajadores eran Ulises y Menelao, según algunos. Otros nombraban a Acamas y Diomedes. Quienes quieran que hayan sido, ninguna tentativa de negociación sirvió, resultando de este impase, la guerra de Troya.

Durante la guerra, Paris fue alcanzado por una flecha envenenada de Filoctetes, y pidió ayuda a la única persona que podría curarlo: Enone, la ninfa que abandonara por Helena. Ésta, que todavía sufría por la actitud de Paris, se rehusó a auxiliarlo, y cuando cambió de idea, por su amor hacia él, ya era tarde. Paris ya había muerto a causa de las heridas.

Muerto Paris, Príamo terminó ofreciendo a Helena como premio al hombre más valiente de la batalla. Como candidatos al trofeo se presentaron Idomedeo, Heleno y Deífobo. Este último fue el vencedor, pero más tarde, fue muerto por Ulises.

Helena se reencontró rápidamente con Menelao, cuyo primer impulso al verla fue el de matarla. No obstante, no resistió de nuevo a su belleza y volvió a enamorarse de ella, y la perdonó. Juntos regresaron a Esparta, donde vivieron hasta el fin de los días de Menelao. Helena, sin embargo, jamás dejó de amar a Paris.

APOLO Y JACINTO

La historia de Apolo y Jacinto es más una historia de amor salida directamente de la mitología grecorromana.

Apolo era hijo de Zeus y Latona, y hermano de la diosa Artemisa. Jacinto, en la mayoría de versiones, es considerado hijo de Amiclas y Diomedes.

Jacinto era extremadamente bello, y Apolo se enamoró de él. Un día, cuando practicaban a lanzar discos, Apolo le lanzó uno a Jacinto, pero el fuerte viento lo desvió, haciendo que éste golpeara contra una roca y, saliera disparado contra la cabeza de Jacinto, matándolo instantáneamente.

Apolo, completamente desesperado, levantó en sus brazos a Jacinto y le pidió a los dioses que no lo separaran de su gran amor. Un pequeño chorro de sangre manó de la herida de Jacinto y alcanzó un arbusto. Allí, donde cayó la sangre de Jacinto, nació una flor violeta, muy parecida al lirio margatao, que terminó por ser el testimonio del amor entre Apolo y Jacinto. Esa flor existe hoy día, y es llamada Jacinto.

Dicen, algunas versiones que el responsable de la tragedia habría sido Zefiro o Boreas, también enamorado de Jacinto, y que, para vengarse de los dos, provocó el viento que desvió el disco.

FRANCISCO Y CLARA

Giovanni Francesco Bernardone nació en la ciudad de Asís, en Italia, en 1182. Hijo de un próspero comerciante de tejidos, Francisco no tuvo durante su formación ninguna educación especial, por eso sólo se esperaba que ocupara su lugar en la sociedad local y sucediese a su padre en el mismo ramo de los negocios.

Despreocupado durante su juventud, Francisco modificó totalmente su comportamiento después de participar de una batalla entre las ciudades de Asís y Perugia, donde fue tomado preso. Durante su cautiverio tuvo tiempo para recapacitar en su estilo de vida y en lo que pretendía hacer de ahí en adelante, y tan pronto fue liberado comenzó a dedicarse a la caridad, cuidando especialmente de los leprosos y de la recuperación de las iglesias antiguas. Su padre, indignado por ver cómo se apartaba de los negocios, lo desheredó legalmente, y empezó a ignorarlo. Sin embargo, su madre, llamada doña Pica, fue una influencia grande y benéfica durante toda su vida, apoyaba sus decisiones y le daba soporte siempre que fuera posible.

En 1208, durante una misa, escuchó un llamado que le señalaba el rumbo a seguir: tenía que ir por el mundo, pregonando su creencia, de pobreza absoluta, pero expandiendo el bien por todas partes. Francisco comenzó entonces a viajar y a enviar a sus seguidores a diferentes regiones, siempre en parejas, para que propagasen su mensaje de pobreza y fe. con el pasar del tiempo, se vio obligado a organizar a sus innumerables adeptos que comulgaban su mismo estilo de vida, fundando la Orden de los Franciscanos, de la cual fue el primer superior.

En 1212 conoció a una joven llamada Clara, nacida en la misma ciudad de Asís, en 1194, por lo tanto era 12 años más joven que Francisco.

Clara provenía de una familia rica y noble, y había escuchado hablar de sus actos en el año 1211. Cautivada por la elocuencia de Francisco y por la forma de profesar su fe, Clara encontró a Jesús, y se unió a la Orden de los Franciscanos, comenzando a llevar la misma filosofía y el mismo estilo de vida, pregonando y practicando la pobreza y el bien.

Ambos, francisco y Clara, se unieron en aquello que entendían era su misión en la vida: servir al prójimo, sin pedir nada a cambio. Clara le trajo al franciscanismo la poesía y la melodía que le faltaban.

Aún así, no era aconsejable que Clara permaneciese en el convento Benedictino donde se refugiaba, porque a ella rápidamente comenzaron a unírsele otras jóvenes de la región, incluso su propia hermana, Inés. Con la bendición y ayuda de Francisco, Clara y sus seguidoras consiguieron junto a los monjes Benedictinos la Ermita de San Damián, en el monte Súbasio, que Francisco había restaurado con sus propias manos.

Se instalaron allí. Inicialmente fueron llamadas las Hermanas Pobres, en perfecta armonía con los seguidores de Francisco, que eran llamados, en su comienzo, los Frailes menores. Francisco, que gustaba de darle un aire caballeresco a todo, las llamó las Damas de la Pobreza. Mucho tiempo después, cuando se fundaron monasterios por todo el mundo, fueron llamadas las Clarisas, en homenaje a su fundadora.

Francisco fue el inspirador de Clara, ambos ungidos y mantenidos por su fe en Jesús. Francisco lanzó a Clara en la aventura del franciscanismo. Clara muchas veces le dio valor y entusiasmo en los años difíciles.

Los unía el amor en común que profesaban por Jesús y el camino de sacrificios y renuncias que habían escogido.

En los últimos días de vida de Francisco, Clara le brindó el cariño y los cuidados de una madre. Francisco falleció en 1226, y Clara dejó este mundo 27 años después. Cada uno consolidó su obra en torno a sus ideas, y ambos fueron canonizados por la iglesia Católica.

Francisco, el primer Hippie, Santo Protector de los ecologistas y Clara, la Dama de la Luz, fueron ejemplos, en su tiempo, y lo serán por siempre.

Conclusión

al escribir este libro tuve la oportunidad, más de una vez, de confirmar que existe una fórmula maravillosa para resolver todos nuestros problemas: "Amarse a sí mismo, intensamente".

La vida es un viaje lleno de constantes descubrimientos, que tienen que ver con nosotros y con el mundo que nos rodea. Iluminado(a) es aquél(la) que consigue cambiar para bien por amor propio y logra crear un espacio de cariño y alegría.

En la Era de Acuario la humanidad tendrá el poder que estaba esperando.

Dentro de cada uno de nosotros existe una fuerza fantástica, capaz de llevarnos a una salud completa, a un buen trabajo y una relación perfecta, o sea, hacia todo lo que nos encamina a la prosperidad y al amor.

El ser humano contribuye mucho para que sus condiciones de vida sean buenas o malas, por eso es muy importante comprender que no es nuestra mente la que controla las situaciones de nuestra vida. Nosotros sí controlamos nuestra mente.

Si tiene alguna duda ante cualquier situación, pregúntese a sí mismo(a): "¿Hago esto por amor propio?".

Tal vez termine por tomar otro camino diferente de aquel que imaginaba al principio, pero después de algún tiempo se dará cuenta que tomó la decisión apropiada.

La inteligencia del Universo está siempre lista y a disposición para ser usada. Sólo hay que confiar en el poder de la fuerza interior y de nuestra intuición. No somos simples cuerpos físicos. Somos, Luz, Energía, Vibración, Espíritu y Amor.

Felizmente estamos comenzando a comprender que nuestros pensamientos y nuestras palabras tienen el poder de crear. A través de las palabras traducimos y amoldamos nuestros pensamientos, y por eso debemos prestar mucha atención a lo que decimos, principalmente cuando hablamos con nuestro(a) compañero(a).

Preste más atención a este proceso, ¡confíe más en la vida, y verá que el mundo puede ser un lugar amigo!

Descubra poco a poco, que existe una manera especial de conversar. Procure elogiar y entender el comportamiento de todas las personas, y muy pronto sentirá un cambio en su interior.

Haciendo eso constantemente, sus cambios de rumbo, si es que son necesarios, se harán más fáciles. Recuerde que todos cometemos errores, y nada es totalmente cierto o errado. Los engaños forman parte de nuestro camino evolutivo.

Converse con las personas de manera positiva. Afirmar es como sembrar una semilla. No se transforma en árbol de la noche a la mañana. Necesita de cuidado y paciencia durante el periodo de crecimiento.

Ahora que ya sabe un poco sobre su fuerza interior, tenga siempre en mente que usted es la única persona capaz de cambiar su manera de actuar y pensar. A partir de ahora, usted está creando su futuro.

Amarse a sí mismo es una aventura encantadora, tal vez es el único placer que dura eternamente.

¡La paz sea contigo, sé feliz!

BIBLIOGRAFIA

Libros

Campbell, Joseph: *A Imagem Mítica*, Editora Papirus, 1994.

Douglas, Nick; Slinger, Penny: *Segredos Sexuais*, Editora Record, 1979.

Enciclopedia Mirador, pp. 4488-89.

Fortune, Dion: *A filosofia oculta do Amor e do Matrimônio*, Editora Pensmento, 1991

França Haziel: *Le Grand livre de Cabale Magique*, Edition Bussière, 1989.

Gray, John: *Homens sao de Marte, Mulheres sao de Vênus*, Editora Rocco, 1995.

Johnson, Robert A.: *We, a Chave da Psicologia do Amor Romântico*, Editora Mercuryo, 1983.

Johnson, Robert A.: *A Chave do Reino Interior*, Editora Mercuryo, 1988.

Keating, Kathleen: A Terapia do Abraço, Editora Pensamento, 1992.

Kronemberg, Paulo: *O Encontro Com a Alma Gêmea*, Editora Novo Milênio, 1993.

Livro dos Decretos, Grupo Avatar, FEEU.

Lysebeth, André Van: *Tantra, o Culto da Feminilidade*, Summus Editorial, 1991.

Ramos, Denise Giménez: *A Psique do Coraçâo. Una leitura analítica do seu Simbolismo*, Editora Cultrix, 1990.

Michael, Russ: *Como Encontrar Sua Alma Gêmea*, Editora Pensamento, 1992.

Moore, Thomas: *Soul Mates*, Harper Perennial, 1994.

Prophet, Elizabeth Clare: *A Uniao de Almas Gêmeas*, Editora Porto Alegre, 1993.

Schulman, Martin: *Relacionamentos Kármicos e Seus Aspectos Astrológicos*, Editora Pensamento, 1989.

Sevely, Josephine Lowndes: *Segredos de Eva*, Editora Best Seller, 1987.

Sicuteri, Roberto: *Lilith, a Lua Negra*, Editora Paz e Terra, 1987.

Diarios y revistas

"Amizade Masculin - O Elo Encontrado", Joâo Pedrosa, *Jornal da Tarde*, 7/4/94.

"A Reluçâo na Família Brasileira", *Jornal da Tarde*, 20/9/88.

"Casamento, Liberdade Negociada", Cláudia de Souza, *Jornal do Brasil*, 5/2/95.

"Em Defesa da Amizade", Ana Maria Machado, *Jornal do Brasil*, 18/7/92.

Família brasileira Encolhe, Se Divide e Ganha Novo Perfil", Roldâo Arruda, *O Estado de Sâo Paulo*, 20/3/94.

Família, Um Doce Regresso". Rosa Bastos, *Jornal da Tarde*, 23/4/91.

"Homes e Mulheres de Hoje Continuam Adorando os Mitos". *O Estado de Sâo Paulo*, 22/11/92.

"Mulher de Hoje, A Química do Amor", Janir Hollanda, 5/95; "O desejo Acabou", Carla Gullo e Chantal Brissac, *Revista Isto É*, 1/11/95.

"O Futuro de Nosso Amor", *Jornal da Tarde*, 28/7/89.

"Sempre Juntos, Sempre Fortes", Rose Guirro, *O Estado de Sâo Paulo*, 27/2/92.

"Terapia Para Casais Vira Indústria nos EUA", *Folha de Sâo Paulo*, 25/3/95.

"Tipo Ideal é o Mesmo para Homes e Mulheres", Marco Uchôa, *O Estado de Sâo Paulo*, 14/11/93.

OTROS LIBROS EDITADOS POR PROSPERAR

URI GELLER, SUS PODERES MENTALES Y COMO ADQUIRIRLOS

Juego de libro, audiocasete y cuarzo

Este libro revela cómo usted puede activar el potencial desaprovechado del cerebro, al mejorar la fuerza de voluntad y aumentar las actividades telepáticas. Además, explica cómo usar el cristal energizado y el audiocasete que vienen junto con el libro.

Escuche los mensajes positivos de Uri mientras le explica cómo sacar de la mente cualquier pensamiento negativo y dejar fluir la imaginación. El casete también contiene una serie de ejercicios, especialmente creados por Uri Geller para ayudarle a superar problemas concretos.

EL PODER DE LOS ANGELES CABALISTICOS

Juego de libro y videocasete

Esta obra es una guía muy completa para conocer el nombre, la influencia y los atributos del ángel que custodia a cada persona desde su nacimiento.

Incluye información sobre el origen de los ángeles, los 72 genios de la cábala hebrea, el genio contrario, invocación de los espíritus de la naturaleza, oraciones para pedir la protección de cada jerarquía angélica y todo lo que deben saber los interesados en el estudio de la angeología. Ayuda a los lectores a perfeccionarse espiritualmente y a encontrar su esencia más pura y luminosa. En su primera edición en Brasil en 1994, se mantuvo entre la lista de los libros más vendidos durante varios meses.

Pedidos a Prosperar (91) 368 1861 • Santafé de Bogotá